사랑하는 것들이
사라지기 전에

일러두기
· 단행본은 『 』, 글 및 교재, 노래는 < >로 표시했습니다.
· 글은 시간 순서가 아닙니다.

사랑하는 것들이
사라지기 전에

이영주
산문집

프롤로그

모든 것이 그대로라는 오해

아침에 할 일들을 끝내고 가까운 카페에 간다. 카페에 도착하는 시각은 보통 11시. 손님이 많이 없어 대부분 원하는 자리에 앉을 수 있다. 나는 거의 이 자리 아니면 저 자리에 앉는다. 그리고 그분들은 늘 그 자리에 앉아 계신다. 하얀 기둥 옆, 벽면에 붙은 긴 의자가 시작되는 자리. 오늘도 테이블 두 개를 붙여 두 분이 나란히 앉았다.

각자 자리에는 빈 음료 잔과 줄 공책 한 권, 진하고 무른 연필들이 있다. 두 분은 자세가 비슷하다. 왼팔을 테이블 위에 올려 기우뚱한 몸을 지지하고, 왼손으로 노트가 움직이지 못하도록 붙잡았다. 오른손으로는 공책에 뭔가를 쓴다. 연필을 쥔 손이 옆으로 조금씩 옮겨 갈 때마다 필기체 영어 문장이 이어진다. 연필 끝에서 문장이 흘러나오는 듯하다. 무얼 쓰시는지 보니 휴대 전화 화면에 영어 성경 앱이 열려 있다. 한 번 보고 두어 어절을 따라 쓰고 또 한 번 보고 두어 어절을 쓰신다. "엄마, 여기." 노인이 갑작스레 날카로운 기침을 하자 딸이 손수건을 건넨다. 기침이 샂아들 때까지 딸이 노인의 등을 쓸어내린다.

노인은 이 책의 글 <스파게티는 원 플러스 원>에 나오는 할아버지의 아내다. 늘 뜨거운 아메리카노를 한 잔 주문해 할아버지와 사이좋게 나눠 드셨던, 아마도 근처를 산책하신 후 카페에 들러 한숨 돌리고 댁으로 할아버지와 함께 돌아가시는 듯했던 그 할머니. 그 글을 쓴 후로 시간이 제법 흘렀고, 카페에서 할머니와 딸을 마주친 지도 꽤 되었다. 할머니와 딸을 마주할 때마다 나는 보이지 않는 할아버지를 떠올린다.

   '어쩌면'이나 '아마도' 또는 '혹시'가 '당연히'나 '반드시'에 가닿을 때가 있다. '아직'이나 '다행히'는 영원할 수 없고, '결국'은 그렇게 될 것이다. 당연히, 반드시, 결국 그렇게 될 일들이 몇 걸음 앞이다. '만나면 헤어진다', '태어나면 죽는다'는 말은 단순하지만, '-면'과 '-다' 사이는 복잡하다. 그 처음과 끝 사이에서 달리느라 우리는 숨이 가쁘다. 보이고 들려야 할 얼굴과 목소리는 쉽게 묻히고 잊힌다. <스파게티는 원 플러스 원>을 쓰고 이 글을 쓰는 사이에 할아버지가 사라졌다. 이 글을 쓰고 읽는 동안에도 누군가는 지워지고 있겠지. 이후로 어떤 글을 쓰게 될 때까지 또 누가 없어질까.

'당연히'와 '반드시'의 그 간명한 진실은 매일 잊힌다.

오늘 아침에 당신이 여기 있었던 것처럼 내일 아침에도 당신이 내 곁에 있을 것이라고, 나와 당신뿐만 아니라 모든 것이 그대로일 것이라고 나도 모르게 기대하고 믿는다. 모두 오해다. 우리는 그렇게 매일 매 순간 오해하며 살아간다. 그것이 오해인지도 모르는 채로 말이다. 사라지는 것들 모두 내가 사랑하는 것들이라는 사실에 목이 멘다. 사라지는 것들을 사라지지 않도록 할 수는 없다. 할 수 있는 것은 사라지려는 것들이 사라지기 전에 사랑하는 것뿐이다. 사라진다는 사실이, 더 사랑하라고 우리에게 명령하는 중인지도 모르겠다. 결국 사랑이 전부다.

사랑하는 이들에게, 특별히 원아와 유은에게 사랑을 전한다. 내가 조금 더 손 내밀겠으니 우리 사라지기 전에 더욱 사랑하자.

25년 여름, 이영주

/ 차례 /

프롤로그 4

1부
사랑하는 것들이

할머니 없는 할머니 집 14
세 가지 죽음 20
명지 삼촌 24
바지춤을 잡아 올려야 하는 사람 26
떠나려는 이를 떠나보내는 방법 28
시간 여행 32
우리 이모 34
파스텔톤 유품 36
느린 걸음 39
밥그릇 1 41
밥그릇 2 45
오래된 여자들의 응원 49
트림 50
하얗고 환한 내원기 52
반짝반짝 54
머리를 잘라야만 하는 날 56

양지	61
태풍	62
경포의 밤	64
예뻐요, 참	67
제비꽃	70
0.1mm로 돌돌 만 1mm의 배려	72
나를 오해하는 나에게	74
꽃보다 미숙이	78
보행 보조기와 지팡이	82
여기 포크 하나 주세요	85
아무것도 모른다	89
상실을 통해 배운다는 말	90
엄마들의 아이들_이태원 참사자들을 추모하며	93
꿈을 꾸었습니다	95
식탁 앞 기도	98
최초의 맨몸	100
세탁소 사장님의 사정	103
계절은	106
겨울 같은 하루를 지나가기 위하여	108
내 사랑의 모습	110

2부
사라지기 전에

다시 보는 매화	114
남자와 유아차	116
부활의 아침	118
차라리 아무 말도	121
명랑과 다정	123
매듭	125
외롭다 외롭다 한다	126
벚꽃 귀가	128
각자의 표정	130
촉燭을 갈아 끼우듯	132
스파게티는 원 플러스 원	133
서울 말씨 친구	136
너오늘놀수있어?	139
세면대와 계단과 초인종과 어린이와	142
분홍색 니트	146
마음의 초기화	148
프라하의 그녀들과 경동시장의 그녀들	152
보이지 않는 얼룩	156

아이스크림 먹기	158
당당하게 잘 못하기	166
두 가지 상황	169
이면지	170
자기만의 밤	172
생의 힘	175
새잎 펼치기	179
운전면허	181
자전거 사장님	183
당신은 그때	186
말들의 공격	188
가시	190
바쁘다는 것	192
보이는 몸과 보이지 않는 몸	194
내 뒤의 풍경	201
무서운 일	203
다짐	205
귤이 상했다	207
마음 지지하기	210
솟아오르는 일	215

그리워할 시간이 과거에 있지 않고
실은 현재에 있다. 과거는 모두 현재였다.

1부

사랑하는 것들이

할머니 없는 할머니 집

할머니가 없는 할머니 집에 다녀왔다. 신암로 75번길, 버스가 다니는 큰길에서 감자탕 가게를 끼고 돌면 보이는 골목. 마주 오는 사람과 어깨를 부딪어야 할 정도로 좁은 길을 제법 걸어 들어간다. 그 끝에 녹이 슬고 칠이 벗겨진 짙은 초록색 철문이 있다. 낮은 철문 턱을 넘으면 왼쪽에 화단과 너른 마당이 펼쳐진다. 마당의 오른쪽 둘레로 지어진 기역자 모양의 기와집. 나무 기둥 옆으로 덧대 바른 시멘트가 삭아 떨어진다.

아주 오래된 집. 시간에 눌려 비틀어진 문틀에 미닫이문 한쪽이 끼어 움직이지 않는다. 창호지에 구멍이 났고, 문창살이 부서졌다. 벌어진 틈들이 여기저기에 있어 날벌레들이 제집처럼 들어온다.

작은 방 안에 큰 꽃무늬 커튼이 쳐져 있다. 저 커튼이 원래 저렇게 누르스름했던가. 조명 탓인가 싶어 천장을 올려다보는데 형광등 불빛이 새삼스럽게 하얗다. 비집고 드는 찬바람을 여전히 막아 내는 중인 꽃들. 문이 열리면 바람이 꽃들을 흔든다. 저 꽃이 원래 저렇게 검붉었던가. 우리 할머니 손등에 핀 꽃들이 그랬던가. 할머니가 이 방에 계셨다. 모로 누워 검고 붉은 손을 포개 머리 밑을 받치고.

할머니는 그곳에서 일곱 아이를 기르셨다. 맏이는 몇 해 전에 세상을 떠났고, 막내는 그보다 더 오래전에 사라졌다.

"용이를 찾았으면 좋겠다."

맏이를 마지막으로 보고 돌아가는 길에 할머니는 막내를 찾고 싶다고 나머지 아이들에게 말했다 한다. 일곱은 함께 밥을 먹고 바닥에 엎드려 숙제를 했을 것이다. 씻고 젖은 머리에서는 물방울이 떨어졌겠지. 이불을 내려 펴면 매일 밤 아웅다웅했을지도 모르겠다, 할머니 옆 오목한 자리에 서로 몸을 끼워 누우려고. 다 자라 버린 아이들은 서울로 대전으로 울산으로 떠났고, 할머니는 그 집에 여전히 계셨다.

"집에 가자."
"집에 갈까? 그래, 엄마. 집에 가자."

할머니는 병원에서 두어 주를 지내다가 돌아가셨다. 가시기 며칠 전에는 엄마에게 집으로 가자고 하셨다 한다. 평생을 지내온 곳에 평생을 두고 떠나려는 마음이었을까. 집으로 돌아가자며 가늘게 잇는 말과 끄덕이는 고갯짓과 할머니 몸을 덮고 있었을 얇고 하얀 병원 이불의 서늘한 바스락거림을 나는 아직도 생각한다. 할머니의 사망 진단서에는 간암이라고 적혀 있었다는데 정확히 알 수는 없다고 했다. 몸이 너무 약해져 무엇이 원인인지 알아내는 검사를 할 수가 없었다고. 들은 바로는 돌아가시기 전에 발이 부었고, 비가 오는 날

조금 무리해서 교회를 다녀오셨다고 했다. 한 사람이 죽음에 이르기까지 그렇게 되는 이유가 하나일 수는 없을 것이다. 사는 동안 쌓인 모든 것이 결국 죽음에 닿게 했을 테니까. 모든 것이 이유가 되어 할머니를 끝에 닿게 했을 것이다.

할머니는 교회에서 가장 나이가 많은 권사였다. 할머니는 늘 같은 자리에 앉아 예배를 드리셨는데, 어느 날부터인가 목사님의 설교가 잘 들리지 않아 그저 "아멘" 한다고 했다. 평생 신에게 의지해 온 할머니가 더는 듣지 못하고 했다던 '아멘'의 진실함을 나는 믿었고, 그래서 깊이 안도했다.

할머니의 장례 예식에는 많은 분이 오셨다. 사흘 내내 빈소에 들르거나 머물렀다 가는 분이 있었고, 택시를 타고 먼 장지로 따라온 분도 있었다. 살아가는 것이 그저 떠나는 일이라 생각한 적이 있다. 떠난 뒤에 반드시 남는 것이 있다는 사실과 그것이 무엇인지를, 할머니의 뒷모습에서 보고 배운다.

지금은 할머니만큼 나이가 든 이모가 할머니 집에 있다. 이제 이모 집이다. 이모가 할머니 방 옆방에 눕는다. 할머니처럼 모로 누워 텔레비전도 보고, 할머니처럼 한쪽 무릎을 세우고 앉아 키 낮은 밥상에 몇 가지 찬을 두고 밥을 먹는다. 할머니처럼 깨진 마당 바닥을 청소하고 화단을 가꾼다. 할머니가 이모를 돌봤던 것처럼, 이모는 이제 할머니의 흔적들을 할머니를 돌보듯 돌본다.

손보기가 어려울 정도로 낡은, 여름에는 너무 덥고 겨울에는 너무 추운 그 집에서 이제 그만 나오시라 했다. 사람이 많이 다니고 바다가 보이는 곳, 햇볕이 잘 드는 낮은 맨션으로 옮기시라고 했다. 이모는 아랑곳하지 않고 할머니 방 옆방에 눕는다. 이모가 그 집을 떠나지 못하는 이유가 무엇일까. 나무 바닥이 삐걱 소리를 내고 미닫이문이 덜컹이고 검붉은 꽃이 하얀 형광등 불빛 아래 흔들리는 곳. 나는 아직 그곳을 할머니 집이라 부른다.

이모가 누운 방의 창 너머 화단에는 할머니가 좋아하시던 동백나무가 있다. 나무는 언제나 나보다 키가 컸고, 일곱 아이가 팔을 벌려 안아야 할 만큼 넓고 풍성하게 가지를 뻗었으며, 어느 쪽에서 보아도 반짝이는 잎을 달았다. 꽃 다 졌다. 아니, 올해는 피지 않았던가. 우리 할머니 손이 동백나무

가지처럼 저랬던가. 우리 할머니 소리 없는 웃음이 저 이파리들 바람에 흔들리는 소리처럼 고요하고 쓸쓸했던가. 우리 할머니 둥글넓적한 얼굴이 동백꽃을 닮았었는데. 벌써 가물가물하다. 텅 빈 마당을, 마음이 한참 서성였다.

세 가지 죽음

 어리지도 않고 안 어리지도 않았던 날들에 나를 키운 건 팔 할이 가난이었다. 가난은 부모의 멱살을 쥐고 있었는데, 그들이 잡혀 흔들릴 때마다 내 삶도 휘청거렸다. 모두가 무너져 내리던 때에 우리 집이라고 해서 그 무너짐을 피할 수는 없었다. 아빠는 하던 일을 접어야 했다. 우리는 부산의 끝 중에서도 끝으로 밀려났고 일백만 원짜리 집에 세 들었다.
 '부산교도소' 다음 정류장. 먼지 뭉치가 뒹굴던 정류장 옆에는 낡고 허름한 피시방이 있었는데 다닥다닥 붙은 컴퓨

터에서 타는 듯한 냄새가 났다. 그 피시방 옆으로 좁은 길이 쭉 뻗어 있었고, 그 길을 20여 분 걸어야 우리 집이 나왔다. 둥그렇게 둘러싼 담. 헐거운 대문을 밀고 들어가면 보이는, 주인집과 외따로 떨어진 허름한 단층집, 우리 집. 집으로 가는 길 양쪽으로는 온통 파밭이었다. 파꽃이 피는 계절에 달이 크고 높게 뜨면 파밭은 은빛 가루를 뿌린 것처럼 반짝거렸다. 늦은 밤 그 길을 자전거로 오갈 때, 두려우면서도 아름다운 것이 가능함을 알았다. 물론 그곳에 있는 아름다움은 그 은빛 파꽃뿐이었지만.

우리가 그곳에 세 든 지 얼마 되지 않았을 때였다. 엄마가 오늘은 사직동 작은집에 가서 자야 하니 옷가지를 챙기라고 했다. 사직동에서 어른들은 목소리를 낮춰 두런거렸는데, 그날 오후 우리 집 근처에 세 든 이들이 스스로 목숨을 버렸다고 했다. 나는 듣지 않으면서 들었고, 썰렁하게 먼지 날리던 그 길 어딘가에 죽어 있는 아무개를 머릿속에 그려 버렸다. 내 머릿속에는 누구인지도 모르는 아무개가 여전히 죽어서 산다.

사직동에서 할머니를 뵀다. 할머니는 평생을 우리 가족과 함께 사셨지만 이사한 집의 추위를 견딜 수 없어 이 무렵에는 사직동 작은집에서 지내고 계셨다. 오랜만에 만난 할머니가 오백 원짜리 동전만 한 쿠키를 주셨다, 초코칩이 콕콕 박혀 있는.

"그만 자거라."

마지막 말씀이었다. 할머니는 다음 날 돌아가셨다. 장례를 치른 어른들은 다시 사직동에 모여 소리를 낮춰 두런거렸는데, 할머니가 돌아가시기 전에 우리 가족을 다 불러 모으신 것이라고 했다. 할머니가 우리를 보기 위해, 할머니와 우리를 위해, 그 아무개가 죽은 것일까. 이상하게 지어진 매듭은 여전히 풀리지 않은 채 마음을 꽉 틀어 묶는다.

할머니가 돌아가신 후 얼마 지나지 않아 키우던 개가 죽었다. 아주 작고 늙은 치와와였다. 명절이 되어 사직동에 모인 어른들은 할머니가 우리를 불러 모으신 그 일을 꺼내며 개가 추위를 견디지 못해 얼어 죽었다고, 다시 소리를 낮춰 두런거렸다. 우리 개의 이름은 '시원'이었다. 여름에 태어나 시원하게 살라고 지은 이름. 이름 탓에 죽은 것은 아닌지, 시원이도 사직동에 살 수 있었더라면 죽지 않고 어른들의 두런거림을 들었을지 나는 궁금했다.

    세 번의 죽음이 연이어 치고 지나간 그 짧은 시기가 적잖이 마음을 짓누른다. 어긋남 없는 논리로 정리하고 정돈할 수 없었나 보다. 그 시간은 얕은 강바닥에 깔린 흙 같아서 가끔가끔 발에 채고 흐트러져 마음을 어지럽힌다. 우리가 있었던 그 마을의 이름은 평강, 평강마을이었다. 그곳의 이름을 기억할 때마다 나는 마음이 흐려지고 웃음이 났는데, 이제 그 흐린 웃음의 이유를 알 것 같다.

명지 삼촌

배가 너무 작아서 약간의 파도에도[*]

  그는 내가 아는 유일한 어부다. '명지 삼촌'이라 불러서 이름이 명지인 줄 알았는데 명지는 그가 사는 곳(지금의 부산 강서구 명지동)의 이름이었다. 이름 아닌 사는 곳으로 불린 까맣고 바짝 마른 남자.

---

*   한강, 『흰』, 문학동네, 2016, 86쪽

내가 어렸을 때 삼촌은 먼 조카들을 모두 태운 작은 어선을 끌며 바다로 걸어 들어갔다. 가슴께까지 올라오는 두꺼운 비닐 작업복을 입고. 작업복과 그의 몸 사이에 바닷물이 들어찰까 봐, 뱃머리를 잡고 있는 그가 바다의 바닥에 꽂혀 버릴까 봐, 나는 아무도 모르게 조마조마했다. 그는 어장을 살폈고 나는 그를 살폈고 우리는 무사히 돌아왔다. 이후, 물을 밀치며 나아가고 어떻게든 뭍으로 돌아오는 힘, 그의 이름은 내게 그러했다.

"폐가 흔적만 남았단다."

그는 오래전에 죽었고 어른들은 담배를 물었던 그를 탓하듯 혀를 찼다. 흔적만 남은 폐가 어떤 것인지 모르면서 나는 어째서인지 알 것도 같았다. 명지 삼촌은 그렇게 남았다, 밀치고 나아가고 어떻게든 뭍으로 돌아오며 살았던 흔적으로. 얼굴도 기억나지 않는 그가 아직이다. 삶은 그렇게도 살아지는 것이란 진실을 이제는 안다.

바지춤을 잡아 올려야 하는 사람

 바지가 내려갔다. 2차선 도로를 건너던 남자가 허겁지겁 바지를 추어올린다. 바지가 벗어지기라도 할 듯 앞뒤 옆으로 허리춤을 잡아 올린다. 전 같았으면 눈살을 찌푸렸을 텐데, 그러려니, 사정이 있겠지 한다.
 복막 투석을 하던 때 아빠의 바지가 그랬다. 아랫배 쪽에 투석을 위한 기구를 삽입해서, 가지고 있던 바지들을 편하게 입을 수가 없었다. 아빠는 바지허리에 허리띠를 느슨하게 둘러 허리띠가 골반에 걸쳐지게 하거나 멜빵을 사용해 바지가 흘러내리지 않도록 했다. 예쁘거나 귀엽거나 한 허리띠와 멜빵이 아빠에게는 아마도 자존심이었겠지.

    아빠가 투석을 시작한 이후로 바지를 느슨하게 걸친 사람들을 흉보지 않는다. 사정이 있겠지. 몸에 맞는 옷을 입을 수 없는, 흘러내리는 옷을 자주 단속해야 하는 사람들의 사정. 아는 만큼 보이고 듣는 만큼 들리는 이야기들. 보지 못하고 듣지 못한 이야기들이 얼마나 많을까 생각하면 자연히 입을 다물게 된다.

떠나려는 이를 떠나보내는 방법

 아빠는 당뇨 합병증의 거의 모든 과정을 지나왔고, 지금은 혈액투석을 하신다. 이 단계 이후의 당뇨 환자를 어떻게 치료하는지 나는 아직 보지 못했다. 그들은 여전히 이 단계에 머물러 있거나 이미 이 세상에 없다.

 혈액투석 방법에는 몇 가지가 있었다. 아빠는 첫 번째 방법을 사용했고, 5년쯤 후 그것의 효과가 떨어지기 시작했다. '투석의 효과가 떨어진다'는 말은 몸의 상태가 플러스에서 0으로 가는 것이 아니라 0에서 마이너스로, 마이너스에서 마이너스로 간다는 뜻이다. 아빠의 몸이 당장 변하기 시작했다. 급하게 찾아간 병원 응급실에서는 드라마에서나 나올 법한 말들을 늘어놓았다. "조금만 더 늦게 오셨으면 위험했어요"로 시작하는 그런 종류의 말들. 실제로 그랬을 것이다. 의학에 문외한인 내가 보기에도 아빠는 살 사람의 모습이 아니었으니까.

    우리 가족은 그때부터 수많은 결정을 해야 했다. 입원하시겠습니까? 병실은 몇 인실로 하시겠습니까? 신장 투석 방법을 변경하시겠습니까? 신장 이식 대기자 명단에 환자의 이름을 올리시겠습니까? 모든 질문마다 선택 여부에 따른 작용과 부작용이 함께 설명되었다. 우리는 듣고도 알 수 없는 정보를 가지고 확률 싸움을 하듯 선택을 했다. 아빠의 상태는 완벽한 선택에 또 다른 완벽한 선택을 곱한다 해도 그 효과가 100이 아니라 1이었다. 그런데 조금이라도 적절치 않은 선택을 하고 그 선택들이 곱해진다면, 효과는 0에 가까이 가거나 마이너스로 향할 것이 분명했다. 우리는 그렇게, 어떻게 해도 불리한 선택을 해야만 했다.

할머니가 돌아가시고 장례가 끝난 며칠 후, 오빠에게서 전화가 왔다. 오빠는 사흘 내내 가장 가까이에서 할머니의 장례를 지켰다.

"대전 외삼촌이 상조에 가입했다 하더라. 할머니 이름으로 된 건 아니고 외삼촌 이름으로 된 거였는데 그걸 할머니 장례에 사용했다고 하시네. 장례 치르려면 아무래도 갑자기 큰돈이 드는데 미리 준비하니까 비용 부담도 덜고 장례 절차에서 허둥지둥 안 해서 좋다고 하시대."

이야기의 결론인즉슨 아빠와 엄마를 위해(무엇을 위한다는 것인지) 우리도 상조에 가입해 두는 게 어떻겠냐는 것. 그리고 그 비용을 너와 내가 반반 부담하는 게 어떻겠냐는 것. 그러자 했다. 대전 외삼촌처럼 우리도 우리 이름으로 각각 상조에 가입할 것이다. 아빠, 엄마 이름으로 가입하는 것은 여전히 '그렇고 그런' 일이니까. 두 분이 모르시는 것이 그나마 선택을 가볍게 한다. 벌써 무거운 선택을 해야 한다면 아빠와 엄마의 끝까지 내가 버텨 낼 수 있을까.

가까운 이들이 아프고 죽는다. 당사자가 아니라 그들의 주변인들이 아픔과 죽음과 관련된 선택을 한다. 어쩌면 아픔이나 죽음의 본질과는 아무 상관없을 수도 있는 겉치레의 일들을 상관있는 것으로 오해하고서. 아주 무표정하게 고개를 끄덕거리며 한다, 형식적이고 사무적으로. 아마 나도 그렇게 하게 될 것이다. 슬프게도 말이다. 그렇구나. 끄덕끄덕. 숨이 막힌다. 떠나려는 이를 어떻게 대해야 할까. 이렇게 죽음을 대해도 남은 이들의 삶이 괜찮을까. 아픔과 죽음을 배울 필요가 있다. 가까운 이들이 죽는다. 안다, 죽음을 배우는 방법은 더 뜨겁게 사랑하는 것뿐이란 걸.

시간 여행

시간 여행을 와 있는지도 모르겠다. 과거를 다시 살기 위해 말이다. 내가 놓친 것들, 보지 못하고 듣지 못하고 손잡지 못하고 안지 못했던, 사랑하지 못했던 것들을 찾아 여기로. 놓치지 않고 보고 듣고 손잡고 안고 사랑하기 위해서. 영영 잃어야 하는 것들을 생각한다. 사랑, 사람, 사랑하는 사람. 후회는 어디를 향할까, 나는 무엇을 아쉬워하고 안타까워하고 있을까.

아빠가 몰던 봉고차를 타고 어느 절 아래 계곡으로 온 가족이 여행을 간 적이 있다. 하루를 차에서 자고 왔다. 아빠는 모기향을 주위에 둘러놓고 집에서 쓰던 모기장을 차에 뒤집어씌웠다. 차창을 열었다. 계곡의 깨끗하고 서늘한 공기에 모기향의 매캐한 향이 실려 왔다. 차 등받이를 눕혀 침대처럼 만들고 도톰한 요를 펼쳐 그 위에 누웠다. 봉고차가 집이었으면 했다. 산속, 물소리가 들리는 곳에서 모기장 캐노피를 치고 요 위에 누워서 잠을 자는 나와 아빠와 엄마와 오빠. 가끔 돌아가고 싶다.

시간이 더 흐르면 그리워하는 시간이 달라지겠지. 아빠와 엄마와 오빠가 있는, 연인과 친구들이 있는 또 다른 시간인 지금을 그리워하겠지. 그리워할 시간이 과거에 있지 않고 실은 현재에 있다. 과거는 모두 현재였다. 그러니 최선을 다해서 오늘을 사랑해야지. 후회나 미련 때문에 다시 과거로 돌아가지 않도록.

우리 이모

 니는 어짠다고 김치가 다 떨어졌으면서 알리도 안 하고. 그래, 맛은 있드나? 맛있다이 다행이네. 머, 안 맛있어도 인자 어짤 수도 없고. 아니, 내가 그날 어두워서 안 그랬나. 제법 세게 넘어졌다이가. 갈비는 어쩔 수 없단다. 병원 가도 가마 누워 있으라 한다대. 그래그래, 아이고오, 다행이다. 별일 없어야제. 영주야, 나는 세상에 무서운 사람이 없다. 누가 와도 다 이길 수 있다. 그런데 내가 좋아하는 사람들은 무섭다. 승호가 아직 일흔이 못 됐잖아. 내가 참새한테도 승호 살려 달라고 빌고 그랬는데, 그게 안 되데. 내가 좋아하는 사람들이 먼저 갈까 봐 그게 제일 무섭다. 그러니까 니도 몸 관리 잘하고, 아 예쁘게 키우고. 그래그래, 잘 지내다가 명절에 보자. 오야.

—

    서너 해 전 정이영 이모부와 한용선 외할머니가 돌아가셨다. 외할머니는 아흔이 넘으셨고 정이영 이모부는 여든이 넘으셨다. 며칠 전, 이모의 동생, 아직 일흔이 못 된 장성호 외삼촌이 돌아가셨다. 세상에서 제일 센 마음을 가진 우리 이모가 전화기 속에서 울었다.

파스텔톤 유품

 색연필 서른 자루. 몇 해 전 돌아가신 이모부의 유품이다. 하얀 나무 필대 안에 심이 곱다. 쨍하지 않고 보드라운 파스텔톤이 많다.

 이모부는 낚시와 노래를 좋아하셨고 가까운 조카였던 나는 그 수혜자였다. 이모부를 따라 낚시를 가기도 했고, 구성진 트로트를 얼결에 배우기도 했다. 이모부가 낚싯대를 뒤로 기울였다 앞으로 던졌을 때 낚싯바늘이 오빠의 콧구멍에 걸렸던 사건은 아찔하게 웃긴 기억이다. 이모부는 전기 설비를 하셨는데 손재주가 좋아 집 안 변기면 변기, 타일이면 타일, 다 손볼 줄 아셨다. 이모부의 기술을 어깨너머 배운 아빠도 후에 변기와 타일을 뜯었더랬지. 그래서 나는 이모부나 아빠와 비슷한 어른들은 모두 변기와 타일을 스스로 교체하는 줄 알고 자랐다. 이모부는 서너 해를 투병하셨는데 그 긴 시간 동안에도 당신 특유의 위트와 낭만을 잃지 않으셨다. 이모부가 돌아가신 이후로 이모 집에는 수리공들이 오기 시작했다. 새는 천장을 막기 위해, 고장 난 변기를 고치기 위해.

    이모부의 물건들 속에서 색연필이 열 자루씩 세 묶음이 나왔다. 두 분 사이에는 자녀가 없었고, 이모는 그것을 모아 나에게 주었다. 뭉툭해진 색연필들을 깎는다. 자동 연필깎이는 지잉 소리 몇 번에 색연필 심을 뾰족하게 만들었다. 그런데 너무 많이 깎아 버리는 것 같다. 연필깎이를 사용한 이후로 색연필이 짧아지는 속도가 빠르다. 누군가가 남긴 마지막 것이 사라진다. 이제야 궁금했다. 이모부는 왜 이것들을 사셨던 걸까. 선명하지 않고 문질러 번진 듯한 보드라운 색의 색연필. 이것들로 무엇을 그리셨던 걸까. 감추어진 이모부의 한 면을 보는 것 같다. 그러나 어떤 사실도 이모부의 진실에 가닿지는 못하겠지. 어슴푸레하니 더욱 만질 뿐이다.

    사실의 나열이나 그 총합이 '나'인 것은 아니다. 나의 진실은 그보다 더 크고 깊고 짙다. 그러니 누군가에 의해 제대로 만져지지 않는다 해서 심란해할 일은 아니다. 그럼에도, 누군가에 의해 오롯이 기억되는 일은 얼마나 소중한가. 어떻게든 생은 흘러 지나가고 끝이 오기 마련이니 그저 최선을 다한다. 내가 가서 닿는 일과 누군가 와서 닿도록 하는 일에 말이다.

느린 걸음

키가 큰 아들이 앞서 걷고, 그 왼쪽 뒤에 머리카락이 등허리까지 내려와 찰랑이는 딸이 걷는다. 짧은 머리를 한 엄마는 딸의 뒤에서 따라 걸으며 연신 주위를 두리번거린다. 점심을 먹을 때다.

"서기, 서런 데가 의외로 맛있을지 몰라."

아들이 왼쪽으로 몸을 틀며 엄마에게 말한다. 흘깃 보니 작고 허름한 밥집이 있다. 고개를 끄덕거리고 몇 걸음 더 옮기며 주위를 둘러보던 엄마가 화들짝 놀라 오른쪽으로 고개를 돌린다.

"당신, 잃어버린 줄 알았잖아!"

그제야 아들 오른쪽 뒤에 멀찍이 떨어져 걷는 사람이 보인다. 남편이고 아빠다. 말랐다. 모자 밑으로 머리카락이 없다. 엄마가 아빠의 왼쪽 팔에 팔짱을 낀다. 그러고는 다시 말한다.

"잃어버린 줄 알았잖아, 당신. 옆에 있어야지. 아, 우리 뭐 먹을까? 당신 뭐 먹고 싶어? 여기 장칼국수 맛있잖아. 그거 먹을까?"

세 명의 걸음이 그리 느린 이유가 있었다. 그들의 걸음을 따라 내 마음도 느려지는 이유가 있었다.

밥그릇 1

아, 우리 딸? 벌써 서울 갔지. 그르게, 어찌어찌 지내나 보다. 통통하이 태어나가 뽈뽈거리면서 기 댕기던 기 엊그제 같은데. 하이고오, 벌써 커가지고 서울에 산다. 잘 못 오지. 지 딴에는 자주 온다고 해도 어디 내한테 그게 자주겠나. 두세 달에 한 번 정도 오는 것 같다. 아니, 전화도 잘 안 한다이가. 무소식이 희소식이다, 잘 있겠거니, 우리는 그레 생각한다. 지 아빠는 섭서배하지. 그래도 우짤 끼고. 아가 벌써 그런 성정으로 컸는데.

아니, 가 이야기가 나왔으니 말인데, 내가 아주 후회를 하는 일이 하나 안 있었나. 이번에 어버이날이라고 그 근처에 부산을 왔다 갔거든, 가가. 와가지고 내랑 이것저것 하다가 다이소를 갔다이가. 뭐, 지도 내도 살 게 있어서 같이 걸어갔지.

아니, 근데 지가 산다던 거랑 아무 상관없는 그릇 코너에 가서 한참을 서 있다이가. 살 거 다 샀으면 가야지 싶어가, 뭐 하노 하고 물었지. 근데 가가 뭐라는 줄 아나. 엄마, 밥그릇 좀 바까라. 너무 오래 썼다이가. 지겹지도 않나. 비싸지도 않은데 여기 와서 몇 개 골라 보라매. 내가 사주께. 이란다이가. 아, 내가 마음이 이상하더라. 짠하기도 하고 민망하기도 하고. 아, 그래, 후회한 일이 뭐냐면, 내가 가한테 이래 말을 했다. 아니, 먹고사는 게 지겹지, 밥그릇이 머시 지겹노. 그래도 가가 막 웃더만 밥그릇을 몇 개 골라서 샀긴 샀다. 이게 왜 후회가 되냐고.

가 말마따나 뭐 그런 밥그릇이 비싼 것도 아니제. 싼 거라고 해도 새 그릇에 예쁜 그릇에 밥 담아 무면 기분도 새롭고 얼마나 좋노. 하루가 즐거워지는 게 뭐 대단히 어렵나. 그런 거 한두 개 바까 놓고 기분 전환하고 그러는 거지. 그러면 하루도 사뿐사뿐할 것 같다 아이가. 말이 그런 게 아니고 진짜 그르트라. 가가 가고 나서 그 밥그릇에 밥 담아 묵는데 한 맛 더 나더라. 뭐 한다고 이래 정신없이 바빠가 이런 즐거움도 하나 없이 살았는가 모르겠다. 밥그릇 바까 놓고 나이 정신이 번쩍 들더라이까. 그래, 내가 가한테 그렇게 말하는 게 아니었네 싶다. 사는 게 지겨워도 지겹지 않게 소중히 살아야 하고, 또 그래 사는 기 어려운 기 아이라고 말했어야 했는데 그거를 반대로 말해뿠다이가. 그게 내가 너무 아쉽고 후회스럽다.

 아, 그래서 내가 가 가고 나서 돈을 만 원 보냈다. 보내면서 니도 집 근처에 다이소 가서 그릇 몇 개 사라 했다. 사고 인증 사진도 찍어 보내라 했다. 께을바즌 가쓰나가 갔는지 어쨌는지 그릇을 샀는지 어쨌는지 감감무소식이다. 지 될 때 보내겠지, 보낸다 했으니까. 밥이 더 맛있을 거라면서 좋아하더라. 가나 내나 또 이런 거에 즐거워하는 거도 닮았다 아이가. 아니, 인자 말해 뭐 하노. 말 안 해도 알겠지. 뭐 꼭 말해야 알아듣겠나. 마, 됐다. 내 딸이다. 내가 더 잘 안다.

어어, 내 내일 부전시장 갈라꼬. 니도 갈래? 모자 단디 쓰고 나온나. 내일 억쑤로 덥다 카더라. 서울은 33도라 카던데 야는 어디서 익어뿐 거 아인가 모르겠다. 어야, 알았다. 내일 보자. 드가라.

—

엄마의 삶의 가장 작은 순간들이 아름다웠으면 좋겠다.

밥그릇 2

 엄마, 어, 내다. 뭐 해? 아, 지금 먹나. 나는 먹었지. 다 먹고 운동하러 나왔다. 돈까스 먹었다. 어, 친구랑. 어, 맛있었지, 치돈 안 먹고 그냥 돈까스. 아니, 우동도 나온다. 옆에 쪼끄맣게. 어, 걔, 걔랑 먹었다. 걔는 냉소바. 그건 좀 별로더라. 엄마가 별로 안 좋아할 맛이더라, 들큰한 단맛. 응, 서울 오면 여기 와 보자, 내랑.
 반찬은 무슨. 됐다, 마. 지금은 날이 더워서 택배로 보냈다가는 다 상해서 올 걸. 우체국에 부치러 가는 것도 일이다.

그라지 말고, 내 7월에 부산 가면 그때 해도. 아니면 엄마가 서울 오면 해주면 되잖아. 음, 미역국. 조개 넣은 거 말고 소고기 넣은 거. 아니, 해봤지. 맛있지 않은 맛이 나던데. 아니다, 엄마가 가르쳐준 대로 했는데. 모르겠다, 왜 그런 맛이 나는지. 난 늘 최선을 다한다. 그냥 엄마가 와서 해주세요. 많이 해가지고 나눠가 냉동실 넣어 두면 되잖아. 응, 그거랑 음, 콩나물간장조림. 그거 먹고 싶다. 응. 아니, 근데 내가 연락을 한 건 이 말을 하려고 한 게 아니고,

아, 이불 빨래 어제 했다. 겨울 이불 이제 넣을라고. 귀찮아서 미루다가 어제 했다. 이불 무거워서 어깨 빠지는 줄 알았다이가. 응, 봄 이불도 같이 빨았다. 여름 이불 꺼냈고. 부산이 더 덥나 보네. 서울은 아직 밤에 그렇게 안 덥던데. 알았다아, 내가 알아 할게요. 아니, 그래서 내가 할 말이 있어서,

그릇? 무슨 그릇, 아, 밥그릇? 아직이지. 다이소 못 갔다. 아니, 안 멀다, 내일 갈게. 예배 갔다가 들를게. 안 그래도 가려고 했다. 아니, 근데 엄마가 준 거 아직 멀쩡하다. 잘만 쓰는데 왜 바꾸라 하노. 아, 알겠다, 인증 사진. 그릇 사면 바로 보낼게. 엄마 취향 아니라고 머라 하지 마리. 내 밥그릇이

다. 아, 그래, 엄마가 최고다. 아, 끊지 말고, 내 할 말 있다고.

잇몸 약 다 먹었나 싶어서. 좀 된 거 같은데 왜 말이 없나 했지. 약을 한 달을 왜 쉬노? 그래도 괜찮나? 음, 그러면 일단 한 통 보낼게. 아, 아니다. 한 통 더 보낼게. 이모도 좀 주세요. 같이 드시오, 두 분. 어어, 괜찮다. 안 비싸대도. 여기 엄청 큰 약국 있어서 싸다. 약국 이름이 뭔지 아나, 약국 이름이 ○○백화점약국이다. 아니, 싸다니까, 백화점이라고 붙어서 비싼 게 아니라 캐도 그라네.

어, 응, 알겠다. 잘 다닌다. 양산도 쓰고 그늘로 다닌다. 응, 부산보다 서울이 더 더운 것 같다. 아빠도 그늘로 살살 다니라 해라. 더울 때는 어디 나가지 말고 집에 있고. 알겠다, 알겠다. 어, 내일 다이소, 밥그릇, 인증 사진, 알겠다. 커피도 사 먹을게.

응, 나 이제 뛰러 갈 거예요. 응, 안녕히 주무세요, 마마님. 응, 끊어요.

―

전화를 건 건 난데, 묻는 말에 대답만 하다가 끝나는 난

감한 통화. 피식 웃게 만드는 귀여운 우리 엄마. 난 그래도 엄마가 준 그릇에 밥 먹을 거거든요. 새것은 금방 가질 수 있지만 오래된 것은 갖고 싶다고 가질 수 있는 게 아니잖아요. 오래된 것을 더욱 아껴야 한다는 거, 엄마한테 보고 배워서 알아요. 그렇지만 엄마 마음도 알아요. 지금의 소소한 삶을 소중히 하라는 것도. 그러니 걱정하지 마세요. 잘 살게요.

오래된 여자들의 응원

고모가 전화를 하셨다, "걱정 마"라며.
이모가 전화를 하셨다, "괜찮다"라며.
어머님이 전화를 하셨다, "힘내"라며.
엄마가 문자를 보내셨다, "딸내미 잘 자"라며.

어떻게 살아야 하는가를 오래된 여자들에게서 배운다.

트림

    수술 후에 가장 큰 통증은 트림할 때 찾아왔다. 너무 급작스러워서 무방비 상태로 맞았던, 숨을 참은 채 침대 난간을 움켜쥐게 했던, 잊을 수가 없는 통증. 위와 식도가 거꾸로 흔들리는 일이 그렇게 떨리는 일인지, 먹고 마셔 들이고 내보내는 일이 그렇게 온몸을 울리는 일인지 처음 알았다. 요즘도 트림이 날 때는 멈칫하게 된다. 통증이 사라진 몸에도 기억은 남으니까. 몸은 그렇게 울리며 떨리고, 나는 그 몸으로 기쁨도 슬픔도 다 받아 내며 산다(장하다, 나여).

한 달 하루 전 종양을 떼어 냈고, 한 달 전 오늘 미음을 먹고 트림했다. 시간이 쏜살같다는 말이 와서 콱 박힌다. 트림이 유발했던 통증이 희미하게 찌릿하다. 시간의 살을 붙잡고 꼼꼼히 촘촘하게 걸어야겠다.

하얗고 환한 내원기

 병원을 가는 날은 마음이 뒤숭숭하다. 단순히 빈혈 수치를 확인하고 처방을 받을 뿐, 암 추적 검사를 받거나 진료를 보는 것이 아닌데도 말이다.

 미로 같은 병원 복도를 지난다. 외래 진료를 보러 온 환자와 보호자들 사이로 암병원 방향 표지판이 불쑥불쑥 보인다. 볼 때마다 상처 부위가 시큰거리는 듯했다. 몸에는 아무 일도 없지만 기억이 만드는 통증은 아무렇지 않지 않았다.

 채혈을 하고서 진료를 기다리는 동안 걷자 싶어 밖으로

나왔다. 건너편 화단에 해바라기하는 환자와 보호자들이 많다. 환자들은 대부분 검거나 하얗다. 아픔은 그렇게 극단적이다.

그중 눈에 띄는 두 사람, 한 환자와 한 보호자가 있었다. 환자는 나를 등진 채 휠체어에 눕듯 기댔고, 보호자는 화단 가장자리에 쪼그리고 앉아 기울어진 환자의 얼굴을 마주 보고 있었다. 언뜻 보이는 환자의 옆얼굴은 하얬고, 환자를 바라보며 웃는 보호자의 웃음은 환했다. 아주 힘들게 병을 지나는 중인 것 같았는데 두 사람은 뭐가 웃긴지 연신 큭큭대며 웃었다. 나뭇잎 사이로 흔들리며 부서지는 햇빛보다 더 눈부셨다. 그래, 그럴 수도 있구나. 병원 둘레를 걷는데 그 웃음들이 따라온다. 나도 그렇게 살아야지.

걷다가 생각나는 이들이 있어 메시지를 보냈다. 건강하시라 전하는 인사에는 전보다 마음을 훨씬 담는다. 하얗고 환하게 웃으시라는 바람에도 마음을 듬뿍 담아 둔다.

반짝반짝

여자가 병원 내리막길을 내려간다. 유아차를 단단히 붙잡는다. 추운데도 아이는 목을 빼고 구경하느라 신이 났다. 무슨 음료가 들었을까. 컵에 꽂힌 빨대를 입술로 꼭 문다. 볼이 옴폭 팬다.

"반짝반짝하네!"

아이가 반가운 소리로 외치기에 돌아보니 소아 응급실

앞에 구급차 불빛이 빨갛다. 흘깃 구급차를 보더니 유아차를 붙잡을 뿐, 아이 엄마는 별 대답이 없다. 그 마음을 알 것 같았다. 구급차를 볼 때마다 영문 없이 눈물이 나는데 표 낼 수도 없어 가만 두 손을 모은다.

    내 생명도, 나 아닌 생명도 시간 위를 스쳐 갈 뿐이다. 알면서도 그렇다. 참 그렇다.

머리를 잘라야만 하는 날

지금은 1시 51분. 아이가 돌아올 시각은 4시 반. 머리를 자르는 데에 드는 시간은 1시간. 미용실에서 집까지 돌아오는 시간은 30분. 그러면 내가 머리를 자를 수 있는 시각은 3시. 여기서 미용실까지 50분. 3시 예약 3시 예약 3시 예약. 마음이 종종거린다. 1시 50분에 3시 예약이 가능할까. 안 되면 전화로 문의해야 하나. 오만 가지 생각을 하며 예약 페이지를 열었는데, 3시가 딱 비어 있을 때의 희열이란! 이건 오늘 머리를 자르라는 신의 계시다.

그런 날이 있지 않나, 다들. 갑자기 머리카락을 너무 자르고 싶은 날. 내 머리카락의 길이감과 부피감을 견딜 수 없고, 당장 그것을 잘라 버리지 않으면 내 정신이 어떻게 되어 버릴 것 같은 날. 다음 날까지 절. 대. 기다릴 수 없을 것 같은 날. 조금 전 오후 1시 51분에 나는 그런 기분이 되어 버렸다.

미용실에 도착해 원장님과 인사를 나누고 안내받은 의자에 앉았다.

"늘 자르던 대로 잘라 주세요. 뒤는 가볍게 앞은 짧지 않게 부탁합니다."

말을 하고는 눈을 감았다. 착착 착착 가위질 소리, 칙칙 칙칙 분무기질 소리. 둔하고 고른 소리가 귓가에 들리자 편안해진다. 원장님의 차가운 손이 갑갑했던 목덜미를 스쳤다. 신선하고 시원하다.

"샴푸하고 다시 봐 드릴게요. 이쪽으로 오세요."

샴푸실 의자에 비스듬히 누워 머리를 뒤로 젖혔다. 이내 따뜻한 물이 머리를 적신다. 슥슥 삭삭 머리를 문지르는 것은 매한가지일 텐데, 원장님이 머리를 감겨 줄 때는 왠지 더 개운한 느낌이다.

"날씨가 많이 건조해져서 머리도 건조하니까 오늘은 다른 제품을 발라 드릴게요. 민트향이 날 거예요."

머리가 화해진다. 맵게 뜨거우면서도 차가운 박하의 느낌. 오늘따라 머리를 감는 시간이 길다. 원장님이 엄지손가락으로 헤어라인이라고 부르는, 머리카락이 나기 시작하는 선을 따라 문지르고 뒷목의 위쪽 옴폭 패인 부분을 한참 주무르셨다. 시원해. 제품을 발라 뒀으니 조금만 있으라는 말에 순순히 대답하고 눈을 감았는데, 원장님이 대뜸 고개를 들어 보라 하신다. 제법 따끈하게 데워진 수건이 목 뒤에 놓였다. 그리고 눈 위에는 알맞게 접힌 수건이, 가슴께부터 무릎 아래까지는 담요가 덮였다.

"5분 정도 더 계세요."

샴푸를 마치고 자리로 돌아와 앉아 원장님께 인사했다. 어깨까지 많이 풀렸다고. 머리를 잘라서 기분도 좋은데 귀한 마사지까지 받아 너무 시원하다고.

"진짜 다행이에요. 오늘 말씀도 없으시고 피곤해 보이셔서, 이왕 오셨는데 쉬다 가시면 좋겠다 싶은 마음이 들었어요."

아, 그러고 보니 갑자기 머리를 자르고 싶은 날은 대부분 그런 날이다. 평소 같았으면 아무렇지도 않을 것들이 잡아먹을 듯 덤벼든다고 느껴질 때. 안팎에서 화살이 날아와 그것을 막아 내느라 버거울 때. 어딘가 불편하던 마음이 아무렇게나 불거져 나오려고 할 때. 그러니 어떻게든 조금이라도 가벼워지고 싶을 때. 그럴 때 덥수룩한 머리라도 쳐 내고 싶어 안달 났던 건 아니었을까.

전혀 예상치 못한 곳에서 한 시간 남짓 알뜰히 살뜰히

보살핌을 받았다. 원장님은 아마도 모르시겠지, 당신이 나의 마음을 조용히 씻어 깨끗하게 하고 주무르고 데워 주신 것을. 바깥에서 단단히 지어 온 매듭을 살살 풀어 주신 것을. 원장님이 만지신 것은 내 머리였는데 뭉쳐 응어리졌던 마음이 풀어졌다. 결제하면서 한 번 더 인사했다. 정말 고맙습니다.

    바깥으로 나와 쇼윈도에 비친 나를 봤다. 이 가게 쇼윈도에서 그다음 가게 쇼윈도를 바라보며 걸어가는 동안 바람이 불어 머리카락이 날렸다. 머리 밑으로 파고드는 바람에 기분이 가벼워진다. 원장님의 손길이 꼭꼭 닿았던 머리를 톡톡 두드렸다. 최선으로 다정하고 친절해야지. 내가 가진 것들이 누군가의 더부룩한 머리카락을 잘라 낼 수도 있으니까. 그런 일들은 예상치 못한 때에 예상치 못한 곳에서 일어나니까. 어쩌면 나조차도 모르게.

양지

한 번도 웃지 못하는 하루가 있을 수도 있다. 도망치듯 간 카페는 겨우 7-8분 거리. 도망마저 멀리 갈 수 없다며 쓸쓸해졌다. 등허리에 힘이 들어가지 않아 구부정하게 앉았다. 아무 데나 시선을 두고 뭐든 보는 둥 마는 둥 나는 그러고 있는데, 맞은편의 어르신은 웃으면서 두어 번 셀카를 찍으신다. 그 웃음이 예뻐서 부럽다고, 나도 웃으면 저렇게 예쁠까 잠시 생각했다. 같은 조명 아래에 있으면서도 어르신 계신 자리는 양지 같았다.

태풍

　산책길에 비바람이 점점 거세졌다. 태풍이 오고 있나 보다. 걷는 방향 앞쪽으로 구급차 한 대가 섰다. 구급대원 두 명이 급히 내려, 뛴다. 무슨 일인가 싶어 그들이 뛰어가는 방향을 살폈다. 불그스름한 점퍼를 입은 남자가 길바닥에 앉았고, 그 옆에 한 남자가 우산을 들어 비를 막아 주고 있었다. 주저앉은 남자 옆에 헬멧이 놓였다. 오토바이로 배달을 하는 사람이었는데 왼쪽 다리를 다쳤는지 구부리지 못한다. 구급대원들이 남자의 팔을 잡아 일으켰고, 옆에 있던 남자는 그들을 따르며 비를 가려 주었다.

    사람이 살아가는 동안에 깨지고 부서진다. 그리고 사람이 사람을 부축해 일으키고 앉히고 옮겨 낫게 한다. 부축해 일으키고 앉히고 옮기고 낫게 한 사람이 깨지고 부서지기도 하며, 깨지고 부서진 사람이 부축해 일으키고 앉히고 옮기고 낫게 하기도 한다. 우리가 사는 모양은 늘 그런가 보다.
    태풍의 기세가 등등하다. 사람이 사람을 돌보는 그 기세는 더 등등하다 믿는다. 서로의 안녕을 비는 바람이 어떤 비바람보다 세다 믿는다. 구부릴 수도 없을 만큼 상한 마음은 누군가 부축해 일으켜야 한다. 아무도 상하지 않는 평안한 밤과 상한 이를 돌보는 진심이 곳곳에 있기를 빈다.

경포의 밤

비가 오기 직전 경포의 바다는 밤하늘과 더욱 구분되지 않았다. 그나마 둘을 가르는 것은 멀리 집어등을 밝힌 배 두세 척뿐이었다. 마음이 경계를 잃은 날에 밤하늘의 달이 밤바다를 밝히는 등대 같다고 여긴 적이 있다. 그런데 무슨 등대가 그 모양인지, 따라가면 길을 잃을 것 같았다. 그렇게 밝으면서 마음을 흐리게 했다. 가까스로 올려다본 달이었는데 큰일 나겠다 싶어 얼른 고개를 숙이고 뒤돌아 잰걸음했다.

경포의 밤을 생각하면 화려하게 빛나는 횟집 조명과 건너편의 텅 비어 어둡고 검은 바다가 떠오른다. 횟집에 조명이 켜질 때쯤이면 어디서 나타났는지 자동차들이 끊임없이 밀고 들어오고, 횟집 입구마다 호객꾼들이 그들을 향해 끊임없이 손짓한다. 자동차 안에 앉은 남자와 여자, 여자와 남자, 여자와 여자, 남자와 남자. 분명히 봤으면서 보지 않은 척 거드름을 피우며 다른 횟집 쪽으로 느릿느릿 굴러간다. 큰길로 나가 다시 들어와도 나쁜 것 없는 손님 놀이다.

횟집에 들고 나는 이들 속에 어린 부부가 있었다. 그들은 ○○횟집에서 일하고 있었고, 나는 경포에 있는 2박 3일 내내 그 횟집에 우럭 미역국을 먹으러 갔다. 나는 그 집에서 우럭 미역국을 먹었고, 그들은 내가 들르는 내내 그곳에서 일했다. 사장의 날 선 말에 허둥지둥 수저를 가져다주는 남자에게 고맙다 인사했다. 밥은 리필이 된다는 말이 어눌하다. 김이 무럭무럭 오르는 우럭 미역국 너머로 마주 앉아 수저를 닦는 어린 부부를 보니 그들이 살았을 더 뜨거운 나라의 바다가 떠올랐다. 이 바다와 그 바다가 얼마나 다른지 보려 밖을 내다봤을 때, 보이는 것은 철썩 쏴아 밀려왔다 밀려

나가는 파도 소리 위 암흑, 횟집 간판의 번쩍임뿐이었다. 보얗게 우러난 우럭 미역국으로 고개를 돌려 형태를 잃은 우럭과 미역을 연신 건져 먹었다. 경포의 밤은 그렇게 습하고 납작하게 내려앉았다.

어린 부부는 경포의 바다를 보며 무엇을 떠올릴까. 그들도 나처럼 어둡고 검게 비어 버린 바다와 이질적으로 현란한 조명을 볼까. 아니면 나는 보지 못하는 그들의 바다를 보고 있을까.

가끔 경포에 가고 싶다. 어린 부부는 여전히 거기에 있을까.

예뻐요, 참

　카페에 왔더니 할머니 두 분, 할아버지 한 분이 앉아 계신다. 할머니 한 분과 할아버지 한 분은 부부다. 세 분이 친구인 듯하다. 가방을 내려놓고 주문하려 돌아서는데 할머니 한 분이 아무렇지 않게 그러신다.

　"걔 죽었대, 손도 못 써 보고 죽었다잖아."

　마치 물결표(~)라도 붙여야 할 것 같은 말투였다. '걔'

가 죽어서 마음이 상한다든가, 안 됐다든가, 혹은 우리도 곧 죽을 것이니 회한을 느낀다든가 하는 그런 감상은 없는 말투. '죽다'라는 말이 그렇게 건조하고 납작할 수 있을까. 할머니를 보니 괜한 궁금증이 인다. 남편은 어디 계실까. 혼자 사시나. 주위에 돌아가신 분이 많은가. 가장 마음 아팠던 죽음은 누구의 죽음이었을까. 처음으로 겪은 죽음이었을까, 가장 최근의 죽음이었을까. 지금은 어떤 마음이실까. 당신은 어떻게 그렇게 아무렇지 않게 죽음을 말할 수 있게 되었을까. 당신도 처음에는 그렇지 않았을 텐데. 나도 언젠가는 당신처럼 그럴 수 있을까.

주문하고 한참을 생각하는데 문이 열리고 이십 대 초반쯤으로 보이는 남자가 들어온다. 검은 모자를 쓰고 검은 반소매 티셔츠에 검은 반바지를 입고 검은 운동화를 신었다. 검은 마스크에도 가려지지 않는 싱그러움이 있다. 그는 한 명, 그분들은 세 명이었는데 그의 생명의 힘이 압도적이다. 주문하는 그를 물끄러미 보더니 할머니가 그의 팔을 톡톡 치셨다. 그가 돌아보자,

"예뻐요, 참."

하신다. 그가 멋쩍게 웃으며 꾸벅 인사를 한다.

오래 산 사람이 한창 피어나는 사람을 볼 때 느끼는 아름다움은 어떤 것일까. 부러움이나 아쉬움만은 아니겠지. 죽음을 태연히 겪어 내는 마음이 생의 아름다움을 말할 때, 그 아름다움이 어떠할지 궁금하다. 머지않은 미래에 나도 그것을 체득하여 알 텐데. 조금 이르게 알았으면 좋겠다. 그러면 지금의 내가 아름답다고 말할 수 있지 않을까. 부러움이나 시기 없이, 후회도 없이,

"예쁘다, 참."

할 수 있을 테다.

제비꽃

 지나는 길에 아무렇게나 쌓아 지은 계단이 있다. 울퉁불퉁한 것에 비해 단이 낮고 넓어 오르기에 나쁘지는 않다. 계단 옆으로 제비꽃이 피었다. 한 뿌리 두 줄기 두 송이. 짙은 청남색이 섞인 보라색 꽃. 봄이 오는구나 싶다. 계단 주위 손질되지 않은 화단에는 매해 봄이면 제비꽃들이 나름의 군락을 이룬다. 둘러봤는데 다른 곳은 아직이다. 마음이 급했는지 이 녀석만 이르게 폈다.

 일어서려는데 멈칫하게 된다. 신발 뒤로 흘깃, 제비꽃

한 송이가 보인 듯했다. 몸의 중심은 이미 걸음을 옮기는 중인데 머리가 멈추라 한다. 아랫몸은 고정된 채로 윗몸만 허둥지둥, 팔이 우습게 허우적댔다. 제비꽃을 피해 간신히 한 계단을 내려섰다. 가까스로 찾아온 봄을 밟지 않았다. 겨우내 기다렸던 봄이 안전했다. 잠시 위태로웠지만 다행히 아무 일도 없었다.

    소중한 이들을 상처 나게 할까 봐 뚝 떨어져 혼자 있었다. 다가오는 이들을 밀쳐 내기도 했다. 이제는 그러지 않아도 될 것 같았다. 갈팡질팡 허우적대고 서툴겠지만, 나는 제비꽃을 지켜 낸 사람이니까. 작고 보드라운 것을 한참이나 바라봤다. 곧 제비꽃 밭이 될 곳이었다. 조금 더 나를 믿어도 될 것 같았다.

0.1mm로 돌돌 만 1mm의 배려

우리 모두 다른 사람들의 몸의 현실을 좀 더 배려해야만 한다…*

양치하는 시간이 길어졌다. 왼쪽 아래 사랑니를 뺐고 한 주가 지났다. 입안을 열십자로 사등분하여 오른쪽 위부터 오른쪽 아래, 왼쪽 위 순서로 양치하고, 왼쪽 아래는 마지막에

---

* 록산 게이, 노지양 옮김, 『헝거』, 사이행성, 2018, 333쪽

닦는다. 왼쪽 아래를 닦을 때는 입을 더 크게 벌리고 거울 가까이 몸을 기울인다. 상처 난 부위에 칫솔이 거칠게 닿을까 봐 조심조심 살살 칫솔질한다.

기우뚱한 자세로 입을 아 벌리고 양치하다가 거울에 비친 나를 보고 괜히 핀잔한다. 참 어지간히도 들여다본다, 제 몸 아플까 봐서. 내 입안, 내 아픔 들여다보듯 다른 사람을 볼 수 있다면 어떨까.

아이스 팩을 쥐니 손이 시리다. 오른손 왼손 바꿔 가며 냉찜질을 하는데 멀뚱히 보던 원아가 그런다.

"아이스 팩 이리 내 봐. 그걸 얼굴에 바로 갖다 대면 좋지 않다고."

손수건으로 싸인 아이스 팩을 건네받았다. 0.1mm 두께 손수건으로 돌돌 만, 1mm만큼 포근해진 아이스 팩. 0.1mm로 돌돌 만 1mm의 배려. 나를 듣고 본 사람만이 할 수 있는 일. 배려는 아프지 않게 하려고 벌어진 마음속을 듣고 보는 일이 아닐까.

나를 오해하는 나에게

부정, 냉소, 허무. 가끔 내가 이런 사람이 아닌가 하는 고민을 한다. 이런 고민은 깊은 곳에 도사리고 있다가 나도 모르는 사이에 슬며시 고개를 든다. '넌 부정적이야. 냉소적이고 허무적이야!', '그래서 넌 문제야!' 나를 푹 찌르는 것이 나 말고 또 있을까. 오해일지도 모를 마음으로 가득 차서 저절로 터져 버릴 것 같다.

프레드릭 배크만이 쓴 『일생일대의 거래』에 나오는 남

자는 엄마의 배 속에 있을 때 함께 있던 동생이 죽었다. 이후 세상에서 매우 성공한 그는 태아였을 때부터 이기기 위해 물불을 가리지 않는, 동생마저 죽인 존재로 자신을 결정해 버린다. 그런 그에게 "폴더를 든 여자"는 그렇지 않다며, "네 동생을 데리러 갔을 때 네가" "요란하게 비명을" 질렀다고, "네 눈을 보았더니 가슴이" 아팠다고 말한다. 자신이 동생을 죽인 것인지 훌쩍이며 묻는 그에게 그녀는 "아니"라고 단호하게 답한다.*

나 대신 나를 기억해 나를 말해 줄 사람이 필요하다. '너는 그렇지 않다, 너는 그렇게 하지 않았다'며 변호해 줄 사람. 내가 나를 변호해 내지 못할 때 나를 위해 증언대 위에 올라 나를 증명해 줄 사람. 나를 보고 들어 기억하는 사람. 나를 나로부터 지켜 줄 사람. 내가 엉뚱한 곳을 향해 무릎 꿇지 않도록, 그 전에 내 팔을 세게 쥐고 나를 돌려 세울 그런 사람 말이다.

---

* 프레드릭 배크만, 이은선 옮김, 『일생일대의 거래』, 다산책방, 2019, 68, 70쪽

너덜너덜해지지 않으려 나를 잘 아는 S에게 손을 내민다. 질문의 형식을 한 도움의 요청. "내가 그래? 정말 그래?" 물으면 S는 "아니, 아니, 그렇지 않아" 하며 손을 내저어 내 머리 위로 둥둥 뜬 의심과 자학의 말풍선을 흩어 준다. 매번 지치지도 않고 변하지도 않고. "손짓은 신기한 몸짓이다. 어떤 다른 동물도 손짓을 하지 않는다. 손이 있는 동물이라도 마찬가지다."[*] 인간만이 하는 것, 손짓. 손짓 중에 가장 좋은 손짓은 손등을 위로 한 채 손가락을 위에서 아래로 당기는 동작, 그러니까 '이리 와'가 아닐까 싶다. S의 응답은 늘 이리 곁으로 오라는 표현이다.

한번은 어느 책을 읽다가 "네가 멈춰야 할 것은 도와 달라는 말이다"라는 구절을 '너는 도와 달라는 말을 멈춰선 안 된다'로 오독한 적이 있다. 마음이 읽고 싶은 대로 읽어 버렸다. 여전히 나는 도와 달라는 말을 해야 하나 보다. 도와 달라는 말에 이리 오라 손짓하는 이가 있어서 하루의 짐을 덜고

---

[*] 브라이언 헤어, 버네사 우즈, 이민아 옮김, 『다정한 것이 살아남는다』, 디플롯, 2021, 39쪽

조금 더 가벼워진다. 고마운 일이다.

　더러운 물로 차 있는 컵을 깨끗하게 하는 방법에는 컵을 기울여 더러운 물을 쏟아 버리는 것 외에도 컵을 가만히 두고 계속해서 깨끗한 물을 붓는 방법이 있다. 컵을 흔들지 않고도 깨끗하게 할 수 있다는 점에서 후자의 방법이 낫겠다. 자신에 대한 자신의 오해를 해결하는 방법이 이와 비슷하지 않을까. 어쩌면 우리는 서로의 증언이 필요한 존재인지도 모르겠다. 나를 오해하는 나에게, 나를 나보다 더 이해한 그 이해를 쏟아부어 줄 사람이 필요할지도 모르겠다. 그래서 당신이 거기에, 내가 여기에 있는 게 아닐까.

꽃보다 미숙이

아주머니 네 명이 카페에 모여 앉았다.

"언니, 이건 파이브지(5G)로 바뀌면 핸드폰이 안 돼."
"이것 좀 저기 놔둬 줘. 먹는 거라 바닥에 두기 뭐 해."
"이거 신 거 아니야? 나 안 신 거 시켰어."

이야기에 흥이 착착 오르는데 바깥을 향해 앉은 한 분이 묻는다.

"저거 미숙이 아니야?"
"미숙이네."
"미숙이다."
"미숙이 맞네. 걸음걸이가 미숙이잖아."

미숙이가 누구인가. 대체 어떤 미숙이기에 이렇게 다들 미숙이 미숙이 하는가 싶어 밖을 내다봤다. 짙은 보라색 니트 모자를 따뜻하게 눌러 쓴 한 사람이 정릉천을 가로지르는 새섬다리로 막 오르려 한다. 미숙이, 미숙이, 미숙이가 돌림노래처럼 울리더니 문 가까이에 앉은 아주머니가 일어선다.

"미숙아아아아- 커피 사 줄게- 갖고 가아아아-."

미숙이께서 등을 돌리더니 함박웃음을 짓고는 카페 쪽으로 종종걸음을 놓는다. 미숙이를 크게 부른 아주머니가 닫히려는 눈을 붙잡고 있다. 미숙이께서 쑤욱 들어온다. 드디어 미숙이께서 오셨다. 한자리에 앉을 수 없어서 네 명 곁에 섰다.

"미숙아, 커피 마셔."

"아니야, 괜찮아. 오전에 커피 마셨어. 얼굴 보고 가려고 들렀어."

"미숙아, 어디 갔다 오는 길이야?"

"언니, 나 운동한다고 여기 밑에 산책로에. 언니는 요즘 괜찮아?"

"미숙아, 나는 뭐 똑같애."

"아참. 언니, 그때 그 옷 고마워."

언니들과 미숙이는 한참을 '미숙이 노래'를 불렀고, 사양한 듯 사양하지 않은 아이스 카페라테가 나오고 나서야 '미숙이 노래'가 끝났다.

"미숙아, 잘 가."

"응, 언니. 아프지 마."

"미숙아, 또 만나."

"응, 언니. 고마워."

한 손에 양산을 든 미숙이께서 다른 손에 선물로 받은 커피를 들고 총총 사라진다. 미숙이께서 새섬다리를 반쯤 건너고서야 미숙이를 좇던 눈들이 일제히 돌아왔다. 누구 엄마, 누구 아내, 누구 며느리, 누구 할머니 아닌 미숙이들이 앉았다. 다른 미숙이들의 이름이 궁금해졌다. 백 살이 되어도 이름을 불러야겠다, 꽃보다 아름다운 이름을.

보행 보조기와 지팡이

　기다리던 버스가 왔다. 보행 보조기를 밀고 있던 노인이 타려 하기에 조금 뒤로 물러나 기다렸다. 다행히 저상 버스다. 계단이 있었으면 어땠을까. 중심을 잡기 위해 기대듯 미는 것을 들어 올려야 할 때, 노인에게 중심은 어디에 있을까. 노인은 내리는 문 바로 앞자리에 앉아 의자에 보행 보조기를 딱 붙이고 손으로 붙잡았다.

　큰 시장을 앞에 둔 정류장에서 많은 노인들이 탔다. 이고 지고 멨다. 몸만 해도 무거울 텐데 짐의 무게까지 더해졌다. 노인에게도 가뿐한 삶이 있을까. 마지막에 지팡이를 짚은 노인이 탔는데 터질 듯한 가방을 등에 멨다. 가방이 거의 공 모양이다. 등에 밀착되지 못하고 둥둥 뜬 것이 등허리를 누르고 있겠지. 불편한 감각. 보행 보조기를 잡고 있는 노인 옆자리에 앉았다.

주거니 받거니 대화가 시작되었다. 보행 보조기 노인이 보행 보조기를 왜 사용하지 않느냐 물었고, 지팡이 노인이 아들이 권했으나 자기가 거절했다 답했다. 보행 보조기 노인이 다시 보행 보조기의 편리함을 칭찬했는데, 지팡이 노인은 보기에 좋지 않다며 고개를 저었다.

짚고 밀어야 한다. 아마도 머지않은 미래에, 나도, 어쩌면. 노화가 질병은 아닐 텐데, 자주 아픈 나는 어딘가에 의지해 느리게 걷는 나를 종종 상상하고 걱정한다. 그렇게 되지 않아야지 하는 다짐만으로는 부족한 일. 그렇게 되는 일은, 결국 그렇게 되는 것.

건강이 개인의 책임만은 아니다. 개인이 책임질 수 없는 부분도 있다는 것을 나도 이제는 안다. 몸이 헐거워지는 일은 생각보다 빠르고 급하다. 튼튼하고 단단한 기간은 생각보다 길지 않다. 공격적으로 방어해야 하는 시기가 일찍 닥친다. 어쩔 수 없는 것을 어쩔 수 없이 감당하며 살아야 하는 존재. 우리는 모두 늙는다. 원아와 손을 잡고 걷는 것이 좋다. 손을 잡고 걷고 싶지, 손에 잡혀 걷고 싶지는 않다. 건강히 지내고 싶은데 몸이 가끔 들썩일 때마다 마음이 어렵다.

여기 포크 하나 주세요

　　설렁탕을 먹는 중이었다. 밥 먹을 시간도 아닌데, 힘을 내고 싶어서 힘이 될 만한 것을 몸에 넣어 주자 싶었다. 가만히 앉아 있어도 등이 굽는 듯한 피로. 하루이틀 무리하면 한 주 넘게 눈치를 봐야 한다. 내 몸이 나를 흘겨보는 느낌. 그러게 살살 다루라고 했지. 이비인후과에 가서 진료를 봐야 하는지, 내과에 가서 수액을 맞아야 하는지. 어느 병원을 먼저 가야 하나 고민하는 시간이 고되다.

"여기 포크 하나 주세요."

건너편 테이블에 앉은 여자가 고개를 기울여 말했다. 포크? 설렁탕 가게에서 웬 포크인가 싶어 소리 난 쪽을 보니 중년의 여자와 남자가 마주 앉았다. 성인 두 사람이 앉았는데 포크가 왜 필요한가 싶다. 마침 내 앞으로 설렁탕이 나왔고 나는 김이 오르는 쪽으로 고개를 둘렀다. 너무 뜨거워서 젓가락으로 고기를 건져 후후 불어 식혀 먹었다.

한참을 먹는데 건너편 테이블에 앉아 있던 여자가 일어나 모자란 김치와 깍두기를 가지러 간다. 남자는 가만히 앉아 국물을 떠먹는다. 후릅후릅. 숟가락이 오른 주먹 세 번째와 네 번째 손가락 사이에 껴졌다. 숟가락을 놓칠까 싶어 주먹에 힘이 꽉 들어갔다. 주먹이 벌겋다. 여자가 자리에 앉으며 김치와 깍두기 접시를 남자 앞에 내려놓았다. 남자는 왼손으로 오른손의 숟가락을 뺀 뒤 그 자리에 포크를 끼워 넣고, 김치를 찍어 든다.

여자가 숟가락에 김치를 놓아 주려 한 걸 이미 거절했던 것일까. 젓가락질을 할 수는 없지만 포크질은 할 수 있으니,

할 수 있는 만큼 내 손으로 내가 먹을 것을 내 몸에 넣겠다는 의지였을까. 여자는 남자가 먹는 것에 관여하지 않았고, 남자는 스스로 식사를 마쳤다.

두 사람이 일어서는데 남자가 무디게 걷는다. 무디게 걸어서 계산하러 간다. 오른손에 펼친 지갑의 모서리를 끼우고 왼손으로 카드를 꺼낸다. 카드를 건네고 카드가 긁히는 것을 지켜보고 돌아오는 카드를 받는 과정. 몸을 채운 일에 대가를 지불하는 행위가 이렇게 개인의 존엄을 증명하는 것이었던가 싶다. 스스로 먹고, 스스로 책임지는 행위.

"잘 먹었습니다."

큰 병이 남자를 쳤겠다. 병 앞에 남자는 한쪽 무릎을 꿇어야 했는지도 모른다. 나머지 몸을 일으켜 걸어야겠다 다짐했을까. 이렇게든 저렇게든, 어떻게든 살아 내는 일에 마음의 뿌리를 내린 것 같다. 손가락 사이에 포크를 끼우고 지갑 모서리를 밀어 넣으면서 자존하는 시간. 여자는 가게 밖에서 남자가 나오기를 기다리고 있다. 자존을 침범하지 않는 일은 어쩌면 기다리는 형태로 나타나는지도. 남자가 나온 것을 확인한 여자가 남자 곁으로 가서 나란히 걷는다, 아무렇지 않은 듯. 부서져 망가진 몸으로 살아가는 삶이 모자람 없이 자연스러워 보였다.

표준국어대사전에 따르면 자존自尊의 뜻은 "자기의 품위를 스스로 지키다"이다. 사소한 것들로 품위를 지켜 낼 수 있을 것이다. 어쩌면 사소한 것들만이 우리의 자존을 세워 주는지도 모르겠다. "삶은 향연이다. / 너는 초대받은 손님이다. / 귀한 손님답게 우아하게 살아가라"* 던 세상을 떠난 이의 말이 생각난다. 설렁탕이 가득 든 배가 불룩 나왔다. 하찮아 보이는 배도 내가 나의 품위를 지키게 한다. 조금 불편한 몸으로도 나는 여전히 자존하는 중이다.

---

* 김진영, 『아침의 피아노』, 한겨레출판, 2018, 119쪽

아무것도 모른다

잎 한가운데서 꽃을 피우는 식물이 있고, 식물의 줄기와 잎이 모두 붉은 보라색인 식물이 있다. '안다'고 하는 것이 얼마나 하찮은지. 보고 듣지 못한 하늘의 높음과 땅의 깊음과 바다의 넓음과 생명의 다양함, 그 끝없는 미지를 생각하면 나는 아무것도 모른다 해야 하지 않을까.

상실을 통해 배운다는 말

　고등학교 3학년 때였다. 수학 선생님의 아이가 버스에 치였다. 남자아이였고 세 형제의 막내였고 늦둥이였고 일곱 살이었다. 선생님은 아이의 장례를 치르고 학교로 돌아오셨다. 어떻게 위로해야 하는지 모르지만 어떻게든 위로하고 싶었던 마음. 피할 수 있으면 피하고 싶으면서도 선생님을 몹시 기다렸던 모순의 시간. 뜨겁지도 않은데 뜨거워 곧 터져버릴 것 같았던 교실. 빠알갛게 물들던 선생님의 눈. 고개를 들 수가 없었다. 아이를 잃은 사람은 그렇게 울었다.

"그래, 너희도 알다시피 그런 일이 있었다."

그날 수업이 어떠했는지 기억나지 않는다. 선생님과 우리는 각자 아무렇지 않은 척 가르치고 똑같이 배웠을 것이다. 그것이 서로에 대한 서로의 최선이었을 테니까.

"아가, 엎드리지 말고. 자지 말고. 여기 봐, 칠판 봐."

선생님은 우리를 '아가'라고 부르셨다. 당신의 '아가'를 잃었을 때, 그때 당신은 어떻게 버티셨을까. 상실을 통해 무엇인가를 배울 수 있다던 누군가의 말은 틀렸다. 대체 거기에서 무엇을 배울 수 있으며 무엇을 배워야 한단 말인가. 상실에서는 아무것도 배울 수 없다. 그저 상실할 뿐이다.

사고는 내가 지나다니던 길에서 났다. 차들이 우회전하면서 내리막을 향하는 곳에 건널목이 있었다. 그때, 그 위. 보지도 못한 그 순간을 기억한다. 버스가 우회전할 때, 아이가 있다. 어떨 때는 그 아이가 나다. 왜인지 이유를 알 수가 없지만 나는 여태 그렇다. 상실을 통해 '무엇'을 배우게 될 것이라는 말은 마음이 쉴 곳을 없애 버린다. 그렇고 그런 말들, 다 거짓이다.

엄마들의 아이들
_ 이태원 참사자들을 추모하며

　언젠가 모과나무에 대한 글을 써야겠지. 잘라 본 적도 먹어 본 적도 없는 열매의, 그 보드랍고 달콤한 향내에 대해. 우리 엄마 괴롭게 하던 구역질, 배 속 우리 오빠, 그 아이에 대한 지극한 마음에 대해. 내 새끼야 내 새끼야, 울며 웃으며 키워 낸 시간과 세월에 내려앉은 자궁과 오빠를 누르는 세상에 대해. 그럼에도 우리 엄마가 가장 사랑할 수밖에 없는 그 첫아이에 대해. 동그스름한 모과를 코에 대고 서너 달 입덧을 버티며 불러 오는 배 문질렀을 그 온기에 대해. 그 안에서 달싹였을 심장에 대해.

    여수로 향하던 남원에서 소식을 들었다. 고요한 곳에서 아수라장을 볼 때의 그 생경함. 이태원 참사를 보며 생명과 그것을 둘러싼 세상에 대해 계속 생각한다. 4월에 이어 10월이 내게 어려움이 되겠다.
    남겨진 이들에게 위로가 있기를 빕니다.

꿈을 꾸었습니다

몹시 혼란했어요. 모두가 누군가를 피해 뛰고 달려 달아났습니다. '누군가'는 특정한 '누구'가 아니었고 '모두'였어요. 이유를 알 수 없으나 세상은 그런 상황에 처해 있었습니다. 꿈을 꾸는 동안 놀라운 사실을 알게 되었는데요, 서로를 만지면 만질수록 만진 이의 손가락이 붙어 뭉개진다는 것이었어요. 그 사실을 알게 되는 동안 제 손가락은 이미 반쯤 붙어 버린 상태였습니다. 꿈에서 아이는 늘 작습니다. 자라난 시간이 무색하게 아이는 여전히 작아서 싸개에 싸여 있습니다. 눈앞에 있는 아이를 안고 싶었어요. 이마를 쓸어 내려 온 머리를 넘겨 주고, 시큼한 땀을 손바닥으로 손등으로 닦아 주고 싶었습니다. 엉덩이를 도닥이고 흔들흔들 어르고 싶었습니다. 손을 뻗어 안아 달라 하는 아이를 만지고 싶은 마음을 거부할 수 없었습니다. 저는 아이를 안고 쓸고 닦고 어르며 도닥였습니다. 손가락이 뭉그러지기 시작했어요. 통증은 없었습니다. 그저 그렇게 될 뿐이었어요. 아이가 제 볼을 만지려고 합니다. 아이의 손가락이 덩어리질 것이 당연했으므로 얼굴을 돌려 피해야 했어요. 아이를 안은 채 몸을 뒤로 젖히고 아이 손이 제게 닿지 못하도록 했습니다. 아이는 울상이 되었습니다. 아가, 괜찮다, 괜찮아. 아무것도 괜찮지 않은 마음으로 아이를 얼렀습니다. 어쩌다 제 몸을 스친 아이의 손이 뭉개집니다. 어쩔 수 없어 결국, 아이를 내려놓았습니다. 거대한 무엇이 심장을 쥐어짜는 듯한 통증을 느끼다 깨어났습니다. 꿈이었다는 것을 알아차리는 동안에도 심장은 터질 듯 뛰고 아팠습니다. 무의식의 내가 꿈을 통해 말하고 있는 듯했습니다. 시간이 많지 않아. 그러니 안고 어루만지렴. 무엇이 소중한지 생각하렴. 서로를 안고 만질 수 있는 마지막 날이 그리 멀지 않았습니다. 몇 번이나 더 제가 그리할 수 있을까요. 문드러져 나를 잃어 간다 하더라도, 하고 싶은 일을 지금 당장 하지 못할 이유가 없습니다.

식탁 앞 기도

 새벽에 배송되어 왔다, 샤브샤브 밀키트. 아이가 방학 중이라 세 번 끼니를 차려 먹여야 한다. 새벽 배송과 밀키트가 없었더라면 나란 인간은 이 정도로 온전치는 못했을 것이다. 싣고 오고 실려 오는 존재들에 기대어 산다.
 샤브샤브 밀키트 속에는 소고기와 세 종류의 버섯, 표고, 새송이, 팽이버섯 약간과 청경채 한 뿌리, 알배기 4분의 1통, 숙주 한 줌이 들어 있다. 소스 속에 들어 있을 마늘과, 간장을 만들었을 콩 등도 헤아려 본다.

모두 살아 있던 것들. 살았던 것들이 죽음의 발자국을 내 몸에 새기고 갔다. 먹고 마시는 일이 생명을 취하는 일이라 생각하면 식탁 앞에서의 내 기도는 얼마나 가벼운가. 헛되이 살지 않아야지. 잘 먹는 것의 의미를 내 몸에만 두지 않고, 내 몸 밖에서 온 것에 대한 감사와 내 몸 밖으로 행할 일에까지 두어야겠다. 그래, 오늘은 잘 먹고 잘 살기로.

최초의 맨몸

처음 본 아이의 몸. 김이 모락모락 나는 시루떡 같은 몸에 홍시 같은 머리를 달고 두 쌍 나무젓가락 같은 팔다리를 허우적대고 있던. 걸친 것이라고는 피비린내뿐이었던 한 사람의 최초의 맨몸. 버둥대며 울던 아이는 초록색 면포에 꽁꽁 싸매어져 내 가슴 위에 놓였는데, 놀랍게도 곧바로 울음을 그쳤다. 제대로 싸지지 않아 머리 옆으로 비죽 삐져나왔던 아이의 왼팔. 펴질 것은 펴지고 오므라질 것은 오므라진 왼손은 아는지 모르는지 '오케이' 모양을 그리고 있었다.

'나 괜찮아요, 엄마.' 꼭 뭔가 아는 듯한 표정을 하고.

"엄마, 여기 좀 봐."

아이가 오른손을 내보인다. 연필을 오래 세게 쥐는 바람에 여기가 이렇게 되었고, 아프고, 연필을 잡기가 어렵고, 그래서(?) 공부를 못 하고. 아이가 가리킨 것은 오른손 중지 첫 마디 옆 부분. 살이 배겨 봉긋 솟아올랐다. 발간 살갗이 무덤 같다. 아이의 몸에 삶의 굳은살이 박인다. 나는 해 줄 수 있는 말이 없었다. 그저 연필을 조금 더 살살 잡으라 이를 뿐.

배꼽 위로 3센티미터의 상처 하나, 배꼽 주변으로 1센티미터 상처 네 개, 오른쪽 옆구리 옆으로 1.5센티미터 상처 하나. 피가 섞인 듯한 분홍색으로 부풀어 오른 지난해 수술의 기억. 아프지도 않은 것에서 아직 날카롭게 칼 부딪히는 소리가 나는 듯하다. 그것들이 있어 '아무것도 입지 않은' 나의 몸은 맨몸이 되지 못한다. 떼어 낼 수 없이 이미 몸이 되었는데도 나 같지 않은 기억들, 손톱으로 긁어 뜯어내고 싶은 순간을 몸은 고스란히 감당한다.

    '나'면서 '나'인가 싶은 것들 혹은 '나'이지 않았으면 하고 바라는 것들은 모두 검고 붉고 불룩한가. 아이의 손가락을 매만지며 덩달아 나의 최초의 맨몸을 떠올린다. 기억이 희미하다. 오래도록 몸에 쌓인 것들이 덮고 가렸기 때문이겠지. 이제 영원히 맨몸일 수가 없어서 아득한 그것을 그리워한다. 잃어버린 것이 너무나 크다. 괜찮다고 내게 동그라미 그릴 수 있을까.

세탁소 사장님의 사정

자주 가던 세탁소의 문이 며칠째 닫혀 있더니, 오늘 안내문이 붙었다.

[갑작스러운 사정 …… 문을 열지 못하니 …… 옷을 찾으실 분은 ……]

반백의 머리에 어깨가 좁은 사장님은 매우 꼼꼼하셨다. 들고 간 옷들의 상태를 천천히 살피시고 원하는 바를 세심히

물으셨다. 당신의 오랜 기술에 가지신 자부심이 느껴졌다. 천장에 걸린 수많은 옷 아래 눌리듯 계신다 싶었지만, 그건 나의 얄팍한 감상이었을 것이다. 당신은 그 옷들을 어깨 위로 들어 올리고 사셨을 테니까.

생업을 멈추어야 할 정도의 갑작스러운 사정이란 게 무엇일까. 사장님의 모습을 떠올리며 그 연배 사람이 겪을 수 있는 일들을 생각해 본다. 아프신가, 연로하신 어머니가 돌아가셨나, 아, 혹시 아내가 아프시거나 ……, 자녀들에게 문제가 생겼나. 어째 좋은 일은 하나도 떠오르지 않고 죄다 이 모양일까.

이 모양의 일들은 기척이 없다. 흔들, 이런 일이 생길 테니 준비하세요. 또 흔들, 저런 일들이 생길 테니 마음을 다지세요. 기척 없이 갑작스럽다. 갑작스럽게 일어나는 일이 순식간에 삶을 뒤흔든다. 모든 것이 그대로일 것이라 은연히 믿지만, 어제의 생활이 오늘 뒤집어지기도 한다. 삶이 영원히 내 것이라 당연시했던 믿음, 아니 그 오해와 착각이 무너지고서야 깨닫는다. 삶이 어쩌면 내 것이 전혀 아니었다는 사실을, 잠시간의 흔들림에 모든 것을 내어놓아야 할지도 모른다는 사실을.

안내문 앞에 서서 한참을 서성이다가 돌아섰다. 떠오른 모든 일을 하나씩 생각하며 어떤 일도 아니길 바랐다. 어떤 일이 있다면 부디 잘 이겨 내시길 바랐다. 아직 겨울이다. 조금 더 기다려야겠다. 계절이 바뀌어 세탁물을 맡길 때가 됐을 때, 늘 그러셨듯 사장님이 세탁소 앞 텃밭에 물을 주고 계셨으면 좋겠다.

성탄절의 밤이 깊다. 신의 자비가 온 세상에 더욱 짙기를 마음으로 기도한다.

계절은

    찍고 잊어버린 사진들이 사진기에 남겨져 있다. 지난겨울의 사진들이다. 이른 아침에 들렀던 카페, 깨끗하고 시린 바람을 등지고 들어서니 햇볕도 서둘러 따라 들어왔다. 천장에서 히터가 돌아가고 일하는 발걸음만 타박타박. 조용했다. 몹시 추웠지만 따뜻한 날이었다.

    계절은 마음을 따라온다. 어떤 겨울은 겨울이어도 뜨거웁고, 또 어떤 여름은 여름이라도 참 차가웠다. 봄이 포근함을 약속하지 않고 가을이 쓸쓸하다 정해지지 않았다. 무척이나 춥고 그만큼 따뜻했던 날, 그 자리에 당신이 있었다. 계절은 기울어진 지구의 일이 아니라 당신을 따라 기울어지는 내 마음의 일이다.

겨울 같은 하루를 지나가기 위하여

왜 이렇게 허전한가 했더니 사랑하는 마음 없이 하루를 보냈다 싶다. 누가 어디에서 어떠한지, 무엇이 언제 어떻게 되었는지 분명히 보고 들었는데, 아무것도 남지 않았다. 그와 그것의 사정을 무심히 듣고 그저 흘러가게 내버려 두었나 보다. 단단히 잡아 두지 못한 이야기들이 어딘가를 헤매고 있는 것은 아닐까. 기도하는 자세를 취할 겨를도 없이 밤이 되었다. 마음이 깜깜하다.

불순물 같은 아쉬움도, 찌꺼기 같은 후회도 없는 하루가 가능할까. 완벽보다는 완성. 무엇이든 조금씩만 더 추구하기. 내일은 나를 뜨겁게 데우는 것들을 끌어와 가슴 가까이에 안고 있어야겠다. 좋은 것을 가득 담고 있는 깊은 사람이 되어야지. 담고만 있지 않고 흘러 보내도록 품을 열어야지. 아직 겨울을 한참 지나가야 한다.

내 사랑의 모습

양치를 하는데 화장실 문 앞에 와서 아이가 뜬금없이 그런다.

"엄마, 나는 엄마가 점점 더 좋아."

입을 헹구며 고개를 드니 거울에 아이가 보인다. 왜 그렇냐 하니 그냥 그렇단다. 고맙다고 했다. 팔랑팔랑 뛰어가는 아이 뒤통수에 대고 엄마도 매일매일 더 네가 좋다 했다.

세 번째 추적 검사, 지난해 1월 이후 1년 만이다. 암 재발이나 전이 여부를 확인하기 위해 검사를 하고 진료를 봤다. 대기 순서가 두 번째라 지연 없이 의사를 만났다. "시티 찍은 것 하고 피검사 결과는 괜찮아요. 깨끗하네." 한 해의 삶을 연장받는 기분.

　'당신의 사랑은 어떤 모습이냐'는 질문을 자주 생각했다. 내 사랑은 살아 있음. 내 사랑은 목숨의 모양을 했다. 살아 있어서 살아 있는 존재들 옆에 있는 것. 사실 사랑, 무엇해야 할지 모르겠고 어떻게 해야 할지 모르겠다. 그래서 무엇이라도 어떻게라도 하려 했는데, 하는 것보다 우선하는 가장 처음의 조건은 '있음'이겠지. 가수 아이유 씨가 <Love wins all>이라는 곡을 냈다던가. '사랑이 전부다'라는 말을 자주 읊조린다. 그래, 전부가 전부로 있는 것. 그것이 내 사랑의 모습이다.

명랑함이 없을 때는 내가 아프고,
다정함이 없을 때는 너를 아프게 한다.

2부

사라지기 전에

다시 보는 매화

　계절이 계절을 손깍지 꼈다. 봄손가락 겨울손가락 봄손가락 겨울손가락이 번갈아 맞물렸다. 따뜻하다 춥고, 추위 속에서 하얀 꽃이 피고, 꽃이 하얗게 피는 중에 눈을 시게 하는 바람이 분다. 겨울과 봄의 경계가 흐려지는 때다. 이때를 내가 또 볼 수 있을까. 별일이 없는 한 그러겠으나 별일이 없을 것이라 단언할 수는 없다. 별일은 그야말로 별일이니까.

　'다시 오는 해에 이 계절을 볼 수 없다'고 생각하면 몹시 조바심이 난다. 그렇다, 죽음 앞에서는 정신이 번쩍 든다. 그렇다면 삶, '살아 있다'는 사실 앞에 적어도 비슷한 강도로 들떠야 하지 않을까.

죽는 것이 별일이지만 실은 사는 것이 참 별일이다. 온몸이 뼈와 살로 이루어져 그 사이를 피가 흐르고, 손을 움직여 글을 쓰고, 입을 열어 먹고 마시고, 어깨를 으쓱여 기분을 표하고, 엉덩이를 붙여 앉아 기다리다가도 발로 뛰어 다가가고, 마음이라는 것이 온몸을 훑고 다니며 요동치는 것이 별일이 아니라 할 수 있나.

손깍지 낀 계절 사이에서 매화는 몽우리를 맺기도 했고, 몽우리를 열어 꽃을 피우기도 했고, 벌써 꽃을 떨어뜨리기도 했다. 어떤 모양이든지 이렇게 그렇게 저렇게 살았고, 살고 있다. 아무래도 또 살 것이고. 그러니 모든 계절처럼 완연한 내 생生을 위해 환하게 두근거려야겠다. 그러지 않을 수도, 그러지 않을 이유도 없다. 살았는데, 살아 있는데. 들떠 두근거리며 끝까지 살고 싶다.

남자와 유아차

좁은 골목길에 슬레이트 지붕을 얹은 단층집이 있다. 오래되고 작은 차를 벽에 바짝 붙여 대어 놓았다. 알루미늄 문은 열렸고 플라스틱 주렴으로 어수선한 집 안을 가렸다. 문 앞에서는 깨끗한 유아차에 앉은 아기가 주먹을 빤다. 아기는 아직 머리카락이 없다. 가진 것이 적은, 작은 사람. 아기 곁에 한 남자가 섰다. 남자의 얼굴에서 목덜미까지, 솟아난 무덤 같은 잔 혹들이 가득하다. 남자의 혹들은 그를 얼마나 걸려 넘어지게 했을까. 남자가 유아차를 문 가까이로 옮겼다. 세상에서 가장 가벼운 것을 들 듯 들어서. 주먹을 빠는 아기는 여전히 무구하고 아기 앞에서 한숨을 쉬는 남자는 목이 꺾였다. 저렇게 내려앉은 어깨를 본 적이 있었던가. 어떤 꽃은 너무 아름다워 거짓말 같고, 어떤 진실은 너무 가혹해서 거짓말 같다. 봄이 봄일까. 너무 금방 뜨겁다.

부활의 아침

 아이가 지금보다 더 어렸을 때 잠든 아이를 보면 마음이 덜컥하던 때가 있었다. 세상을 떠난 이의 얼굴이 자는 듯하다는 말을 숱하게 들어 왔던 터였고, 아이는 작고 약했으니까. 아이가 세상에 올 때 세상에 묶은 밧줄 같은 게 있을 것 같았는데, 그것이 약하고 헐겁게 느껴졌다. 보이지 않으면서 보였던 아이의 생명줄. 지난밤에 화장실을 다녀오다가 잠든 아이의 새근거리는 숨소리를 듣고서야 나는 또 안심했다.
 아이는 알람 소리도 없이 잘 만큼 자고 일어나 거실로 나왔고, "엄마다"를 중얼거리며 내게 와 몸을 비볐다. 죽은

듯이 자던 잠을 깨고 일어난 부활의 아침.

 오늘은 '부활절'이다. 내가 믿는 종교의 큰 절기. 고난받아 죽었던 예수가 사흘 만에 살아난 것을 믿는다고 다시 고백하는 날. 기억에 의하면 2014년 4월에 배가 가라앉은 날로부터 사나흘 후가 부활절이었다. 인간의 몸을 입고 세상에 왔다는 신이 새로운 몸으로 다시 났다고, 나를 구원하기 위해 신은 일련의 과정을 성실하게 거쳤다고 했다. 그러나 그날의 나는, 그 사건을 축하하며 기념하거나 기뻐할 수가 없었다. 신은 부활했고, 배는 바다로 가라앉았고, 아이는 내 옆에 나란히 있다. 세 가지 사실의 간극이 나는 여전히 어렵다.

 부활절이 봄에 있어서 다행이다. 기뻐하는 세상 어느 한쪽에 바닥으로 끌어 내려지는 마음이 있음을 기억하게 하니까. 나의 기쁨이 하늘로 활개 칠 때 누군가의 슬픔이 바다 위를 떠다닌다는 사실을 잊지 않게 하니까. 신학적으로 예수가 어느 날에 죽었는지, 부활절이 반드시 봄의 이때쯤이어야 하는지, 이천 년 전의 신이 이천 년 후에 배가 가라앉을 것을 알았을지 나는 잘 모른다. 그렇지만 예수는 반드시 그때에 죽어야 했을 것이다. 자신의 부활을 함부로 기뻐하지 않도록,

슬퍼하는 자들과 함께 울도록 신이 몸소 무언가를 보인 것은 아닐까.

차라리 아무 말도

암 수술 후 한 해 그리고 몇 달. 두려움을 밀어내며 내 몸이 하는 일을, 내 몸이 당하는 일을 고스란히 봤다. 그때 나는 자주 주저앉았다. 아픈 몸 때문이기도 했겠지만, 그보다는 두려워하는 마음이 버거웠기 때문일 것이다.

아픈 사람으로서 나를 표현할 낱말이 없다. '암환자'라거나, 특히 요즘은 '암 경험자'라는 표현을 쓰던데 둘 다 흡족하지는 않다. 암이 내 몸에 있었던 것은 사실이지만 지금 당장 아픈 곳이 없으므로 '환자'라고 부르기에 송구하다. 또

'경험자'라는 말은 이미 완료된 듯한 느낌을 주어서 적절하지 않다. 몸은 아프지 않지만 생각과 느낌으로 계속 긴장하는 내게 암은 여전히 진행 중이기 때문이다. 간단하고 명료하게 자신을 설명할 수 없는 사람의 말은 하염없이 길어진다. 길게 자신을 설명해 내야 하는 사람들은 대부분 약하다. 아픈 사람이 약한 사람이 되는 데에는 실제로 몸이 아파 약해진 것도 있겠지만 그 외의 이유도 있는 것이다.

내 말이 없는 곳에는 타인의 말이 얹히기 십상이다. 빈 공간을 견디지 못하고 아무것으로라도 채우려 드는 이들의 조급함. 그들은 깊이 사유되지 않고 정제되지 않은 낱말들을 입에 밀어 넣으라 압박한다. 아픈 사람은 입술을 깨문 채 흔들리고 휘어진다.

아픔에 관하여 무슨 말을 해야 좋을지 무슨 말을 들어야 좋을지, 수술 후 한 해 하고도 서너 달이 지났는데 아직도 모르겠다. 다만 타인의 심정을 짐작하는 것이 얼마나 아찔한 일인지는 알겠다. 섣부를 바에야 차라리 아무 말도 하지 않는 것이 낫지 않을까.

명랑과 다정

　진료실 문이 열리고 보호자가 뒷걸음질한다. 좁은 통로 벽에 부딪히지 않으려 좌우를 살피며 휠체어를 끌고 나온다. 휠체어에는 짧은 백발을 뽀글뽀글 파마한 나이 든 여자가 앉았다. 스르륵 진료실 문이 닫히려 하자 휠체어에 앉은 여자가 진료실을 향해 양손을 흔들며,

　"안녕히 있어요."

한다. 배웅을 나온 간호사도, 나도 웃었다. 아마 의사도 웃었겠지. 간호사의 설명을 들은 보호자가 인사를 하고 휠체어를 돌리는데 여자가 또 손을 들어

"안녕히 있어요."

간호사에게 인사한다. 곱은 손마디가 흔들렸지만 여자의 마음이 얼마나 곧고 단단할지 알 것 같다.

명랑함과 다정한 예의는 갖추기가 참 어렵다. 상황이 유쾌하거나 평안하지 않을 때 가장 먼저 버리는 것들이 아닐까. 명랑함이 없을 때는 내가 아프고, 다정함이 없을 때는 너를 아프게 한다. 벼랑 끝에서 간당거리더라도 이것들을 잃지 않아야 할 텐데 걱정이다.

매듭

 니는 무슨 매듭을 그렇게 딴딴하게 지아가지고 손끝이 이래 아리고 목이 뻐근하도록 들다 봐도 못 풀구로 대체 무슨 마음이고, 무슨 마음이길래 풀기가 이렇게도 어렵노.

외롭다 외롭다 한다

외로움은 집채만 한 바위면서 목구멍에 들어맞을 만한 크기의 단추다. 눌러 으깨든 박혀 틀어막든 결과는 매한가지다. 끊임없이 이어지려는 마음에 피로하다. 내가 이렇게 혼자 있지 못하는 사람이었나 답답해지려 했는데, 문득 내가 너무 오래 혼자 있구나 싶다. 그러니 어디에든 닿으려는 것 아니겠는가. 그러나 아무 데나 닿아서는 안 돼. 오를 만한 뭍이라고 생각한 곳이 늪일지도 모르니까. 혼자 있고 싶지 않다 생각했는데 막상 누군가를 만나려니 혼자 있고 싶다. 심신이 미약한 상태. 절전모드를 켜고 최소한의 기능만 실행해야 하는 걸까. 관계라는 이름의 작용에 반작용할 여력이 없다. 고요히 있으면서 적막하지 않을 수 있을까.

'나를 혼자이게 하면서 혼자이게 하지 않는 사람' 곁에 있고 싶다. 손끝 정도 닿아 있기만 해도 되는데. 아니, 그랬으면 좋겠는데. 생각나는 이들이 모두 멀리 있어서 슬프다. 가까이에 있는 이들이 생각나지 않아 더 슬프다.

벚꽃 귀가

옆에 앉은 아주머니가

"잠깐만."

하시더니 내 목덜미 아래쯤으로 손을 뻗으셨다. 벚나무 꽃잎 한 장을 돌려주셨다.

"예쁜 곳에 다녀왔나 봐요."

이고 진 것이 무겁고 어둡지만은 않다. 작고 하얗게 가벼운 것들을 가지고 돌아가야지.

각자의 표정

 가끔 나는 당신의 표정을 해석할 수 없다. 이런 표정을 짓고 있어서 나는 당신에게서 지루함을 읽었는데, 당신은 그런 표정을 짓고서 매우 즐거웠다고 한다. 어떨 땐 저런 표정을 짓고 있어서 나는 몹시 속이 상했는데, 당신은 나에게 고마웠다고 행복했다고 한다.

 각자의 표정은 각자의 언어다. 조그마한 얼굴에 지나온 모든 것이 고스란히 드러난다. 당신 얼굴 근육의 움직임과 내 얼굴 그것의 움직임이 미세하게 다른 것은 너무도 당연하다. 내가 당신을 위해 나의 언어를 포기하고 당신의 언어를 쓸 수 없듯이, 당신에게 당신의 표정을 지워 버리고 내 표정을 얹으라 할 수 없다. 그러니 품을 열어 함께하는 시간을 만들고 당신을 아는 일에 성실히 공을 들이는 수밖에. 못난이 같은 표정을 예쁘게 볼게. 사나워진 입꼬리를 비리게 받지 않을게. 당신의 말을 주의해서 듣듯 표정도 그렇게 바라볼게. 공통의 언어와 표정을 설계해 가야지. 이제부터 알아야 할 것이 많은 당신과 나는, 그제야 우리일 테니까.

촉簇을 갈아 끼우듯

끝이 매우 뾰족한 촉은 글씨를 날카롭고 사납게 하고, 끝이 동그스름한 촉은 잉크를 많이 머금어 글씨를 두껍고 부드럽게 한다. 같은 펜대라도 다른 촉을 끼우면 글씨가 달라진다. 그런데 나는 다른 마음을 먹어 보아도 어째서인지 결국 나 같은 나를 본다. 어떻게 매번 비슷하게 사랑하고 비슷하게 실패하는 걸까.

스파게티는 원 플러스 원

　오랜만에 들른 카페, 창가 자리에 앉았다. 뒤에는 백발이 성성한 할아버지와 할머니가 마주 앉아 계셨다. 카페에서 자주 마주친 분들이라 낯이 익다. 늘 뜨거운 아메리카노를 한 잔 주문해 사이좋게 나눠 드셨다. 아마도 근처를 산책하신 후 카페에 들러 한숨 돌리고 댁으로 돌아가시는 듯했다. 별말씀이 없던 분들이었는데 오늘은 사뭇 달랐다. 새로 온 점원이 어르신들께 말을 걸었기 때문이다.

어르신 잘생기셨어요. 내가 문화방송에서 일을 했거든. (할아버지가 미남이시다.) 두 분 결혼은 언제 하셨어요? (묻기에 궁금해져서 책 읽기를 멈추었다.) 서른셋에 했어, 3년 연애하고. 그래, 3년을 연애를 했지. (할머니가 올해 여든세 살이라고 하셨으니 두 분이 동갑이라 치면 53년 된 연인이었다.) 날씨가 더 더워지니까 다니다 불편하시면 곧장 이리로 오세요. 우리 같은 사람이 있으면 가게 장사가 안 돼. 아니에요, 꼭 오세요. 에어컨 시원하게 틀어 놓을게요.

조금 더 이어지던 대화가 끝나고 어르신들이 자리에서 일어나셨다. 그런데 점원이 연신 거절한다. 어르신들이 무엇인가를 주셨나 보다.

"아이고, 안 주셔도 돼요, 이 비싼 걸. 저 괜찮아요, 두 분 드세요."

대체 무엇일까. 어르신들이 나가시는 소리가 나기에 밖을 내다보았다. 할아버지 손에 전자레인지로 조리가 가능

한 스파게티가 하나 들려 있었다. 근처 편의점에서 원 플러스 원으로 구매한 것을 점원에게 나눠 주신 것이다. 그 '비싼 걸' 나눠 주고 가셨다. 점원에게서 더 비싼 걸 받았다고 생각하신 것은 아니었을까. 사야겠다. 호로록 나눌 사람에게 연락해 만나자고 해야겠다. 호록호록 스파게티가 어르신들 사이에 하나, 점원 앞에 하나 놓일 걸 생각하니 입맛이 돈다.

서울 말씨 친구

아이가 친구를 집으로 초대했다, 두 번째다. 비좁은 방에서 둘이 생난리다. 춤을 추며 노래를 부르더니 와다닥 나와서 테이프를 몽땅 챙겨 간다. 만들기를 하려나 보다. (테이프 회사는 초등학교 1, 2, 3학년들이 먹여 살린다. 아, 코팅지 회사도. 테이프 회사와 코팅지 회사는 양육자들을 살렸고.) 아이들은 1학년 때 같은 반이었다가 3학년 때 다시 같은 반이 되었다. 2학년 때 다른 반이 된 것이 못내 아쉬웠다, 둘이 참 잘 맞았는데. 함께 보내지 못한 한 해를 만회하듯 둘은 단짝이 되어 지낸다.

    아이 둘이 이야기를 나눈다. 서울 말씨다. 서울에서 나고 자라서인지 아이들은 서울 말씨를 쓰고 있다. 나와 원아는 부산 사람이고, 아이 친구의 엄마는 외국인이다. 이런 부모와 함께 사는 아이들이 서울 말씨를 가진 것이 생경하다. (아이 친구에게서는 가끔 구수한 말투가 튀어나오기도 한다. 할머니와 같이 산단다.) 한 세대가 지났을 뿐인데 세대의 격차가 크고 그 변화에 가속이 붙는다. 있는 그대로 인정해야 하고, 인정하지 못해도 수용하는 것이 아이들에 대한 예의겠지.

    아이들은 감자칩과 치즈볼, 우유를 먹고 만들기를 하다 까르르(정말 까르르처럼 들리게 까르르) 웃었다. 춤을 추고 노래를 부르고 줄넘기를 하더니 농구(?)를 했다. 블루베리 요거트와 방울토마토와 포도를 먹으며 영화를 봤다. 잠시 조용한가 싶더니만 이내 양말을 신고 가방을 메더니 씽씽이를 타고 나가겠다 한다. 아이들을 배웅하며 그렇게 놀았는데 아직도 놀 것이 남았냐 물었다. 놀이터에서 그네를 타야 한단다. 엘리베이터 쪽으로 앞서거니 뒤서거니 간다. 동그란 뒤통수에 늦은 오후의 햇빛이 반짝거렸다.

없는 것이 없어 부족함이 없는 세대라 한다. 하지만 정작 있어야 할 것이 부족한 세대가 되지는 않을까. 그렇게 자라지 않도록 지켜야겠다. 둘이 만들어 갈 시간을 응원하고 지지한다. 아이들을 생각할 때, 나는 어른이 된다.

진짜 너희들 너무 예쁘다.

너오늘놀수있어?

아이가 피아노 학원에서 돌아올 시간이다. 휴대 전화가 진동하는 소리가 들린다. '김밥'이 메시지를 보냈다. '너오늘놀수있어?' 띄어쓰기 하나 없는 무심함에, 그래도 문장부호는 붙이는 세심함을 담아. '김밥'이 메시지를 보내오다니, 놀 수 있냐고. '김밥'은 아이의 친구 김'빅토리' 군이다. 키가 껑중하고 넓적한 얼굴이 하얀, 더벅머리에 땀을 뻘뻘 흘리고 가면서도 걱실걱실 인사를 곧잘 하던. 아이는 김빅토리 군을 '김빡(?)'이라 부르다가 '김빱' 하다가 '김밥'이라 순하게 부르기로 했다 한다. 아이는 휴대 전화가 없어 내 것을 쓰고 나는 가끔 '김밥'에게서 메시지를 받는다. '너오늘놀수있어?'

어쩐지 부럽다. 아니, 너무 부럽다. 아이들은 담백하고 단순하다. '놀래?', '놀자!', '그래, 놀자!' 하면 논다. 같이 놀고 싶으면 같이 놀고, 같이 놀기 싫으면 같이 안 논다. 내게는 코끼리 엉덩이 들기만큼 하기 힘든 말인 '나랑 놀래?'를 지나가는 참새 깃털처럼 흩날린다. '놀자'는 말이 원래 그렇게 가볍고 쉬운 말이었던가. 아이들의 대화를 들으면 어리둥절해진다.

세상은 내가 오래 살 것이라고 하고 나도 왠지 그럴 것 같은데, 친구 사귀기가 점점 어려워진다. 내 곁에 가까이 있는 이들은 너무 아름답지만, 그들만 바라보고 지내기에는 남은 시간과 해야 할, 하고 싶은 경험들이 너무 많다. 가장 밀도 있는 시간과 다채로운 경험은 사람을 통해서 온다. 그러니 내게는 여전한 친구는 물론 새로 올 친구가 필요하다.

내가 가지고 있어야 할 말은 '우리 같이 놀래?', 어쩌면

이 귀엽고 깜찍하고 설레는 한마디가 아닐까 싶다. 음, 그래, 맞아. 나는 같이 놀고 싶다. 같이 놀자, 같이 놀아. 같이 놉시다, 우리. 그러면 더 재밌겠잖아?

세면대와 계단과 초인종과 어린이와

캠핑하러 갔을 때의 일이다. 화장실이 어수선하고 지저분했다. 창틀에는 제법 굵은 거미줄이 쳐져 있었고, 형광등 주위로 날벌레들이 파닥였다. 거울에 얼룩은 물론이고 세면대 바깥쪽으로 물이 잔뜩 고여 있었다. 손을 씻으면서 옷이 닿을까 싶어 엉덩이를 뒤로 빼게 되었다.

양치를 하고 있는데 한 아이가 들어왔다. 손을 씻으려는지 어린이용으로 만들어진 세면대 쪽으로 다가갔는데 세면대가 널빤지로 막혀 있어 사용할 수가 없다. 상황을 파악한 아이가 어쩔 수 없이 성인용 세면대 쪽으로 왔다. 아이의 눈에도 세면대 바깥쪽에 더럽게 고인 물이 보였겠지. 주춤거리는 것 같아 양치 거품을 뱉고 물었다.

"옷이 젖을 것 같은데 괜찮으면 옷을 뒤로 좀 잡아 줄까요?"

등 쪽으로 옷을 바짝 당겨 주었고, 아이는 세면대에 닿을 듯 말 듯 아슬아슬하게 손에 물을 묻혔다. 아이는 그 와중에도 까치발을 했다. 다음 차례는 비누. 세면대 폭이 넓고 비누가 거울 아래에 붙어 있어 아이 손이 닿지 않았다. 나는 민망해졌다. 어린 사람들은 손 한번 씻기가 이렇게 어렵구나. 가지고 있던 물비누를 보이며 물었다.

"괜찮으면 이거라도 쓸래요?"

물비누 통 펌프를 뽁 한 번 누르니 손에 거품이 한가득하다. 두 번 뽁뽁 할 필요도 없는 작은 손으로 산다.

건물과 버스의 계단, 건물 현관의 초인종을 생각해 봤다. 왜 아이들은 계단을 오르고 내리기 위해 과하게 다리를 들어 올리거나 길게 뻗어 내려야 하고, 왜 매번 허벅지에 힘을 줘 가며 끙끙대야 할까. 왜 아이들은 초인종을 누르기 위해 고개를 뒤로 꺾고 비틀비틀 까치발을 하거나 디딤판을 끌어다 놓아야 하는 걸까. 왜 어른들은 무릎 높이의 계단을 오르지 않아도 되고, 초인종을 가볍게 눌러 얼른 집으로 들어갈 수 있는 걸까. 어른들이 아이의 손을 잡아 주거나 안아 올려 주지 않아도 된다면 어떨까. 세상은 약한 사람들 위주로 돌아가지 않고 그들을 적극적으로 배려하지 않는다는 사실이 씁쓸하다. 효율과 효과만큼 아니, 그보다 더 중요한 것들이 있다는 진실을, 아이들은 과연 어떻게 배울까.

낮은 계단을 오르고 키에 맞는 초인종을 누르며 자란 아이들이 꾸릴 세상은 어떨지 상상해 본다. 적어도 아이가 손을 씻기 위해 아등바등하는 모습은 사라지지 않을까. 이런 것을 고민하라고 우리가 어른이 된 것은 아닐까. 계단의 높이가 낮아지고 초인종이 아래로 내려오기를, 어리지 않은 사람이 낮은 계단을 천천히 오르고 허리를 굽혀 초인종을 누르기를 바란다.

　어린이의 세계는 그저 예쁘고 귀엽기만 한 것이 아니다. 거기에는 아직 작고 여린 존재들이 산다. 그 세계에 있던 내가 자라서 지금의 내가 되었다. 이 글을 읽는 모두가 그 세계를 지나왔음을 기억해야겠다.

분홍색 니트

철이 한참 지난 옷들을 정리해 장에 넣었다. 겨울을 따뜻이 나게 해 주었던 니트들과 코트며 점퍼들. 어깨에 보얗게 쌓인 먼지를 떨어내고 장 속에 차곡차곡 왼쪽에서 오른쪽으로, 아래에서 위로 걸고 쌓았다.

털이 복슬복슬 달린 실로 떠진 분홍색 니트 카디건. 짜임이 예쁘고 단추가 독특한 니트 카디건도 장 한편에 놓였다. 할머니의 유품. 몇 해 전 할머니가 돌아가신 후, 할머니 집에서 들고 온 할머니 옷. 이모는 할머니의 옷들을 간추려 정리하고 있었고 분홍색 복슬복슬한 니트는 내 몫이 되었다. 가만히 쓸어 보니 단정하고 고운 것이 딱 할머니를 닮았다. 삶은 결국 몇 가지 물건으로 추려지는 것일까. 거창해야 할 것 같은 삶과 죽음이 소박하게 느껴져서 다행스럽다.

 어떤 물건으로 남게 될까. 누구에게 남게 될까. 누구에게든 무엇으로든 나답게 남았으면 좋겠다. 그러려면 내 일상을 나다운 것으로 꼼꼼히 채우고 있어야겠지. 넘겨받는 이가 당황하지 않도록, 넘겨준 내 영혼이 민망하지 않도록. 죽음을 생각하는 일은 퍽 삶스럽다. 아, 나도 할머니 니트처럼 적당하게 남아 누군가에게 죽음을 묻고 삶을 찾게 한다면, 떠나는 일도 남는 일과 그리 다르지 않을 것 같다.

마음의 초기화

항간의 소문에 의하면 휴대 전화를 두어 해 사용하면 고장이 나도록 세팅되어 있다고 하던데, 신기하게도 그 시기가 될라치면 잔 고장들이 발생하기 시작한다. 그러나 그렇게 휴대 전화를 바꿀 일이 생겨도 당장에 바꾸지 못하고 한동안 머뭇거리게 된다. 새 휴대 전화를 구입하는 일도, 새 휴대 전화에 필요한 것들을 설치하는 일도, 헌 휴대 전화에서 옮겨야 하는 것들을 옮기는 일도 상당한 시간과 노력과 정성이 들기 때문이다.

이사를 계획하고 준비하는 동안 많은 일들이 있었다. 이사 갈 동네가 결정되면 집을 알아보는 것, 계약을 체결하고 큰돈을 주고받는 것 등. 그중에서도 한자리를 차지하는 일은 품고 있던 살림살이를 남길 것과 치울 것으로 구분하여 간추리는 일이다. 삶의 부피를 늘리지 않으려 주의한다고 하지만 한자리에 붙박여 있는 동안 생활은 고스란히 쌓인다. 필요한 것들, 필요하지 않지만 있어야 하는(?) 것들, 필요의 여부와 상관없이 어쩌다 보니 있는 것들, 거기에다 있는지도 몰랐는데 있었던 것들까지. 나와 함께 새로운 집으로 가야 하는 것들을 추려 내고 그렇지 않은 것들은 처분해야 한다. 그 일은 적어도 수일에 걸쳐 진행되는데 생각보다 깊은 고민과 갈등을 동반한다. 이사하는 날이 되면 추린 것들을 새집에 들여놓는다. 그리고 다시 고민하고 갈등하며 제자리를 찾아 주는데, 이 일이 또 수일에서 수십 일이 걸리기도 한다.

새 휴대 전화에는 앱과 위젯, 바로가기 등을 새로 설치해야 한다. 전에 사용하던 휴대 전화의 설정을 그대로 가져올 수도 있지만, 이왕 새롭게 사용하는 것이니 들여야 할 것들을 고민하며 필요한 것만 깔끔하게 들이고 싶다. '아, 예쁘다.' 예쁜 장면을 보고 사진을 찍고 싶으면 사진 앱을, 'OO은행 계좌에 얼마나 남았더라?' 확인해야 할 때면 OO은행 앱을 설치한다. '전에 갔던 그 카페가 어디에 있더라?', '거기를 어떻게 가더라?' 궁금해지면 지도 앱을 내려받고, '오늘 옷을 어떻게 입지, 대기 질은 괜찮나?' 싶으면 날씨 바로 가기를 설정한다. '아, 내일 아침에는 7시에 일어나야 하니까 알람도 다시 설정해야 하는구나' 하며 알람 위젯도 설치해 둔다.

휴대 전화 안의 환경을 새롭게 하는 일은 새집으로 삶의 터를 옮기는 이사와 비슷하다. 차분히 생각하며 있어야 할 것들만 차곡차곡 쌓는다. 필요한 것과 필요하지 않은 것을 구분해서 필요한 것들을 들이고, 어느 위치에 두어야 하는지 고민한다. 간명하게 자리를 잡은 것들은 생활을 쉽고 가볍게 해 준다. 이사도 그렇고 휴대 전화를 바꾸는 일도 그렇다. 가지런히 정돈하는 수고가 헛되지 않다.

마음도 이럴 수 있다면 어떨까. 마음속에 있는 것들을,

이것과 저것을 몽땅 들어내어 환한 자리에 좌르륵 펼쳐 두는 거다. 두루두루 살펴보며 좋아하는 것과 좋아하지 않는 것을 가리고, 신중하고 꼼꼼하게 따져 필요한 것과 필요 없는 것을 가린다. 나를 스스로 오해하게 하는 것들과 이제는 더 이상 어찌할 도리 없이 뒤틀려 버린 것들, 지레짐작하여 걸음을 멈추게 만드는 것들과 마음을 들쑤셔 시끄럽게 하는 것들, 나를 괴롭게 하고 힘겹게 하는 것들은 안 돼. 제대로 이해되어 깊이 수용된 것들, 나라고 여길 때 마음을 가볍고 편안하게 하는 것들, 앞으로 한 발짝 더 나아가게 하는 것들만, 그러니까 내 곁에 있어도 되는 것들만 들여놓는다, 제자리에 차곡차곡. 말 그대로 마음에 드는 것들만 마음에 들게 하는 일. 모두 지워 마음을 초기화하고 처음부터 다시 써 내려가기는 꿈에서나 가능하겠지. 다만 그런 마음으로 오늘을 살아 볼까. 간명한 기준을 따라 하나씩 둘씩 비워 가볍게 하고 자리를 벗어난 것들을 조금씩 조정하면서. 새집으로 이사를 가 기니 새 휴대 전화로 바꾸는 일보다 조금 더 쉽지 않을까.

프라하의 그녀들과 경동시장의 그녀들

　밀란 쿤데라의『참을 수 없는 존재의 가벼움』에는 프라하에 짧은 봄이 오는 장면이 나온다. 그때 테레자는 밀러드는 소련군 탱크 앞에서 미니스커트를 입고 국기가 매달린 깃대를 든 여성들의 사진을 찍는다. 소련군을 조롱하며 저항한 것이었는데, 테레자는 그녀들을 매우 자랑스러워한다.

　비가 오는 날, 테레자는 사우나에 가기 위해 길을 걷는다. 우산들이 쉴 틈 없이 부딪쳐 왔는데 그 우산을 든 사람들은 그때 그 깃대를 들었던 여자들이었다. 한 치의 물러섬이

나 비킴도 없이, 드세고 뻔뻔하게 닥쳐오는 그녀들. 테레자는 그녀들에게 불쾌감을 느낀다.

　버스를 타고 오는 길이었다. 버스가 큰 시장 앞을 지났다. 시장 입구 정류장에서 할머니들이 많이 타셨다, 자기 몸만 한 혹은 몸보다 더 큰 장바구니나 수레를 들고. 수레를 가진 할머니들은 다리 사이에 수레를 낀 채 버스 기둥에 몸을 기댔다. 장바구니를 든 할머니들은 그것을 껴안고 앉을 자리를 찾았다.
　나는 버스의 통로 쪽 자리에 앉아 있었고 뒤의 좌석은 거의 비어 있었다. 할머니들은 나를 지나 자리에 앉기 시작했다. 두꺼운 옷이 먼저 한 번, 손에 든 장바구니가 기우뚱하며 또 한 번, 벌어진 백팩이 한 번 더. 그렇게 할머니 대여섯 분이 지나갈 때마다 서너 번씩 부딪혔던 나는 금세 기분이 상했다. 그리고 이어진, 마치 물을 양동이째 쏟아붓듯 크고 시끄럽게 폭로된 각자 집안의 대소사. 형님과 아우님의, 남편과 남편은, 아들과 며느리는 어째서 그렇게 살고 있는가. 차음 기능이 좋은 이어폰을 끼고도 나는 모르는 할머니들의 집안 사정을 알 수밖에 없었다.

    나는 할머니를 좋아한다. 오래된 여자들의 여유와 유쾌함, 비슷하면서도 다 다른 알록달록한 귀여움. 그러나 이런 즐거움은 성근 관계에서나 유효하다. 사진이나 영상 속처럼 나와 멀찍이 떨어져 있을 때에나 매력적이다. 나를 조금이라도 침범하면 좋은 감정은 온데간데없고 불쾌감과 혐오만 남는다.

    내게는 좋은 사람이 되고자 하는 바람과 의지가 있다. 그러나 동시에 그렇게 되기 위한 노력을 기피하는 본능도 있다. 그 바람과 의지를 한쪽에, 본능을 다른 한쪽에 올리고 날마다 저울질한다. 저울은 생각보다 자주 후자로 기울어진다. 어쩌자고 나는 이런 사람이 되어 가는 걸까. 배워서 이런가, 못 배워서 이런가, 배움과 상관없이 본래 이런가. 이유가 어찌되었든 내가 때를 입히고 꽃으로 꾸민 번지르르한 무덤 같다는 느낌을 지울 수가 없다.

    솟구치는 불쾌감과 혐오를 부정할 수는 없다. 그러니 무거운 마음으로 잘 간수해야겠다, 눈빛으로 입꼬리로 배어나지 않도록. 그리고 경계해야겠다, 내 존재가 불쾌감과 혐오를 일으키지 않도록. 상대를 불쾌하게 하거나 파괴적으로 혐오하지 않고 서로를 지키려면, 각자가 자신을 충분히 예민하게 살펴야 하지 않을까.

보이지 않는 얼룩

색연필이나 사인펜 등을 많이 사용해서 아이의 책상에는 얼룩이 많다. 색색의 얼룩은 가끔 예쁘기까지 하다. 놀라운 것은 보이지 않는 얼룩이다. 투명하게 끈적한 것이 묻으면 그것은 잘 보이지 않는 채로 서서히 얼룩진다. 보이지 않는 얼룩은 보아서는 알 수 없고 만져야만 알 수 있다. 예민한 손끝의 감각으로 얼룩의 높이와 두께와 질감을 만져야 한다. 꽤 오래 문지르며 닦아 내면 끈적이는 것이 미끌거리다가 사라진다. 마른 손으로 책상을 슥 한번 훔쳐 본다. 울퉁불퉁한 것 없이 매끈하다.

    보이지 않게 얼룩진 것이 책상만은 아닐 것이다. 만져야만 알 수 있는 것이 책상 위의 얼룩만도 아닐 테고. 보이지 않는 마음의, 보이지 않는 얼룩은 어떻게 만져질까.

아이스크림 먹기

아이가 태권도를 마치면 약국 앞에서 만나기로 했다. 아이스크림을 사 먹기로 한 중대한 날이니까.

언젠가부터 우리 집에서 아이스크림은 금기 식품이다. 새콤하고 달콤해서 맛없을 수 없는 맛인 아이스크림을 먹지 못하도록 한 데에는 나름의 이유가 있다. SNS에서 짧은 영상들을 보던 차였다. 나는 건강에 관심이 있고 나의 SNS에는 주로 그런 영상들이 연이어 올라온다. 그날도 그런 영상들을 보며 먹어야 할 것들과 먹지 말아야 할 것들을 되새기고 있는데 아이스크림에 관한 영상이 올라왔다. 그 내용을 대강 정리하면 이렇다. 아이스크림은 기름과 물로 이루어져 있고 둘은 원래 섞이지 않는다. 그런데 그 섞이지 않는 두 가지 물질을 섞기 위해 사용하는 유화제가 몸에 매우 좋지 않다는 것. 머릿속에 좁다란 시험관 안에 들어 있는 물과 그 위에 둥둥 뜬 기름 띠가 떠올랐다. 아무리 세게 흔들어도 절대 하나가 되지 않는 것. 그 자연스러움을 무너뜨리는 유화제가 가학적으로 느껴졌고, 그것이 몸속에 들어와 끼칠 영향이 끔찍했다. 그 영상을 아이에게 보여 주었다. 그리고 그날 이후로 우리는 적어도 우리가 돈을 지불해 아이스크림을 사 먹지는 않는다.

EBS 초등 교육 과정 중에 <만점왕>이라는 교재를 사용하는 과정이 있다. 보습 학원을 가고 싶지 않다는 아이는 매 학기 이 교재를 사용해 국어 수학 사회 과학 수업을 듣는다. 자율적이고 능동적으로 학습하기를 바라지만, 만 열 살 아이에게 기대하기 쉬운 덕목은 아니다(사실 성인에게도 기대하기가 어렵다). 어떤 날은 매우 훌륭하게 학습해서 말할 것이 없는가 하면, 어떤 날은 너무 엉망이라 어르고 달래거나 윽박질러야 했다. 그렇게 한 학기가 끝나 가는데, 아이가 그런다.

"엄마, 나 오늘 만점왕 국어 수업 마지막이야."

어제 4학년 2학기 국어 과정의 마지막 수업이 진행되었다. 아이는 문제를 풀고 채점을 하느라 쭈글쭈글해진 책을 자랑스럽게 들고 왔다. 그러고는 묻는다.

"만점왕 국어 끝낸다고 고생했는데 아이스크림 사 주면 안 돼?"

묻는 표정에 머뭇거림과 어색함이 가득하다.

나는 계획적이고 통제적인 성향이 강하다. 말 그대로 내가 계획한 대로 상황을 통제하고 싶어 하고, 그렇게 될 때 편안함을 느낀다. 다르게 말하면 내가 예상한 대로 상황이 흘러가지 않을 때, 상황이 내 통제 바깥으로 벗어날 때, 불편하고 불안하다. 나는 아이를 통제하듯 양육해 왔을 것이다. 불안을 기피하고 편안함을 지향하는 것은 당연한 일이므로. 양육의 과정에서 내적인 갈등이 없었던 것은 아니다. 계획적이고 통제적인 성향에는 강점만큼 약점이 있고, 나도 그 약점이 버거워 그것에서 벗어나고 싶었으니까. 가능하다면 나도 무계획적, 비통제적이고 싶었다. 나와 다른 성향을 가진 사람의 저돌적인 유연함과 수용적인 안정감까지 모두 배우고 싶었다. 내가 너무 계획적이고 통제적이어서 아이가 나처럼 저돌적이지도 유연하지도 수용적이지도 않은 사람으로 자라는 것은 아닐까, 그런 사람이 겪는 고통까지 모두 아이가 겪게 되지 않을까 걱정스러웠다.

최근에 아이가 거짓말을 하는 일이 잦았다. 넘어갈 수 없는 일이었으므로 아이를 혼냈다. 언성이 높아졌고 결국 매를 들었다. 매를 들지 않을 때에도 '이러다 아이를 망치는 것 아닌가' 싶었는데 매를 들면서도 '이러다 아이를 망치는 것 아닌가' 싶었다. 아이와의 관계는 서먹해졌고, 몇 날 며칠 우리는 행복하지 않았다. 혼이 나던 아이가 말했다.

"엄마한테 말하면 안 된다고 하니까. 안 된다고 하는데 나는 하고 싶으니까."

'안 돼.' 계획과 통제를 따르던 생활 속에서 아이는 내게 계속해서 거절당하고 있었나 보다. 일관된 훈육을 추구하며 틈을 보이지 않았던 육아가 정작 아이를 소외하고 있었던 것일까. 거짓말의 책임이 아이에게만 있는 것이 아니었다. 아이가 거짓말을 하도록 내가 몰아대고 있었다면 상황에 대한 접근은 달라져야 했다. 그리고 이 모든 것을 떠나, '앞으로 아이가 나와 솔직하게 대화할 수 없게 된다면' 하는 가정이 끔찍하게 다가왔다. 그것은 우리 모두에게 지울 수 없는 아픔이 될 것이니까. 아이를 대하는 내 방식과 태도에 변화가 있어야 할 때였다.

"엄마도 네 말을 거절하지 않도록 노력할게. 그러니 은아, 너도 엄마한테 아빠한테 솔직히 말하는 걸 연습해 줄래. 그렇게 말하는 게 쉽지 않다는 걸 알아. 그렇지만 우리 같이 노력하자."

아침에 학교에 가려고 현관에서 신을 신는 아이를 배웅했다. 신을 다 신을 때까지 가방을 들고 있다가 가방 메는 것을 도와주었다. 몸보다 한참 큰 패딩 점퍼 때문에 가방 메기가 쉽지가 않다. 점퍼의 지퍼를 올려 주고 팔을 벌리자 아이가 안겨 왔다. 아직 내 품 안에 있다. 내 품 안에 있을 때 다정하고 단단한 관계를 만들어야 한다는 생각에 조바심이 인다.

"이따 태권도 마치는 시간에 약국 앞에서 기다리고 있을게. 아이스크림 사러 가자. 이럴 때는 아이스크림 정도는 먹어 줘야지."

아이가 '오예'를 외치고 웃으며 나갔다. 아이가 등교한 후, 아이 방 침대에 잠시 앉아 있었다. 책상 위가 어지럽다. 온갖 물건들이 널브러져 있고, 들은 적도 본 적도 없는 불량 식품 껍데기들이 여기저기 굴러다닌다. 아이를 만나면 나는 또 말하겠지. 지내는 곳을 잘 정리 정돈해야 생각과 마음도 그렇게 ……. 정체를 알 수 없는 과자들은 제발 좀 그만 사 먹으면 좋겠…….

양육자는 아이가 자라는 방향과 속도에 앞서 설 수 없다. 아이는 아무도 예상하지 못하는 자기만의 방향으로, 빠른 속도로 계속 변한다. 아이 앞에서 아이가 갈 길을 닦아 주며 함께 걷고 있다 생각했다. 그러나 아이는 제 발로, 그야말로 갈지자를 그리며 가고 있었다. 부딪치고 부딪히느라 아플 만도 한데, 그런 것에는 관심 없이 달려가는 것에 집중한다. 그런 아이가 던지는 공들을 제대로 받아 내고 있는 줄 알았다. 과연 그랬을까. 아이와 내가 서로 공을 주고받지 못하고 있었던 것은 아닐까. 아이가 벗어 놓은 껍데기 같은 허물들을 그제야 주워 들며 아이 뒤를 따라가느라 허둥지둥한다.

완벽한 계획과 영원히 지속되는 통제는 불가하다. 변화무쌍한 아이의 지금을 사랑하는 방법은 내가 더 유연해지것. '그건 너무 어려워요', '나는 원래 그런 사람이 아니에요' 같은 말은 내가 하기에는 어떤지 모르겠지만, 엄마인 내가 하기에는 적절하지 않다. 아이가 유연한 사랑을 나에게 요구하니 나는 책임을 가지고 응해야겠지. 그것이 아이에 대한 내 사랑이니까.

이제 나가야겠다. 태권도를 마친 아이와 아이스크림을 먹을 시간이 되었다.

당당하게 잘 못하기

어제 아이가 줄넘기를 새로 사야 한다고 했다. 수업 시간에 쌩쌩이를 해야 하는데 가지고 있는 줄넘기로는 잘할 수가 없기 때문이란다.

"엄마, ○○는 쌩쌩이를 여섯 개나 한대!"

너는 어떠냐 물었다. 자기는 아직 하나밖에 못 한단다. 제 눈에 쌩쌩이를 하나도 못 할 것 같은 ○○가 쌩쌩이를 여섯 개나 한다니, 아직 쌩쌩이를 하나밖에 못하는 아이는 낯빛이 어둡다.

아침에 일어나자마자 쌩쌩-턱 쌩쌩-쌩-턱 한다. 밖에서 줄 넘는 소리가 들리는데 저런, 하나 하고는 계속 턱이다. 잘 못해서 속상하냐, 친구들 앞에서 하려니 긴장되냐 이렇게 저렇게 물었는데 아이가 그런다.

"당당하게 잘 못할 거야!"

해도 안 되는 걸 하면서 속상해하려니 그게 더 지친다는 표정, 에라이, 될 대로 되라지 하는 표정이다. 옳지! 잘한다, 내 새끼. 어떻게 모든 걸 다 잘할까. 잘 못해도 당당하게 잘 못하겠다는 아이의 등이 꼿꼿하다.

혹시나 풀 죽었을까 봐 걱정이 되어 하굣길에 마중을 갔다. 아이가 좋아하는 아이스크림이나 사 먹자고 해야지 싶어서. 아이스크림을 하나씩 입에 물고 나무가 많은 샛길로 돌아오는데, 아이가 대뜸 그런다.

"엄마, 나 쌩쌩이 세 개 했어."

아이스크림을 츄릅츄릅 빨면서 별거 아니었다는 듯, 아이스크림이 제일 맛있고 그것만 중요하다는 듯. 당당하게 못해도 괜찮았을 텐데 잘해서 왔다. 아이스크림을 문 입이 반들반들하다. 아이를 보면 나는 더 잘 살고 싶다, 사람으로서. 당당하게 잘 못하는, 잘해도 크게 왕왕거리지 않는 그런 사람이 될 수 있을까.

두 가지 상황

　누군가의 장례가 있었고 곧 누군가의 결혼식이 있을 한 주. 그 간극이 커서 두 가지를 동시에 마음에 담기가 쉽지 않다. 일희일비하는 마음이 삶의 속도를 따라잡지 못해서 늘 허덕인다. 그럼에도 행복하자고 다짐한다. 죽음과 시작을 겪는 이들로부터 전해 오는 말이 있어서. 죽는 이도 시작하는 이도 내게 행복하라고 말하는 것 같아서.

이면지

 근처 자리에 앉은 중년의 남녀가 커피와 케이크를 나눠 먹는다. 잠시 이야기를 나누더니 각자 책을 펼치고 할 일을 한다. 주문한 음료가 나왔다기에 가지러 가면서 둘이 앉은 자리 옆을 지났다. 흘깃 봤는데, 두 사람 앞에 펼쳐진 책이 똑같다. 공인중개사 자격증 시험을 준비하나 보다.
 잠시 후, 자리를 정리하려는 듯 여자가 먼저 분주하다. 남자도 열심히 필기하던 종이를 두 손으로 맞잡아 세우고 탁탁 끝을 치며 오와 열을 맞춘다. 뒷면이 악보다, 오선지에 높은음자리표와 낮은음자리표가 위아래로 있고 그 사이에 가사가 적힌 합창 악보. 악보가 가지런히 정리되고 있다.

    높고 낮은 선율들 사이에 노래가 적혔겠다. 먹고사는 땅에 관한 이야기들은 그 이면에 빼곡하다. 공인중개사 자격증과 악보 사이 거리는 얼마일까. 두 세상의 참 다른 언어는 어느 지점에서 만날까. 이면지 앞면과 뒷면의 사이는 아주 멀고, 너무 가까워 보였다.

자기만의 밤

지난밤 갑자기 불안감이 밀려왔다. 늦은 오후에 『이반 일리치의 죽음』을 읽었는데 그때부터였을까, 아니면 전날 운동의 여파로 몸이 굳어 긴장해서였을까. (어떤 이유로든 몸이 긴장되면 마음도 덩달아 긴장한다.) 불안이 솟으면 하던 일은 다 정지다.

왜 불안한지를 생각해 봐야 알 수도 없고(대체로 이유가 없으니까), 불안을 해소하는 데에 도움이 되지도 않는다. 왜 불안하지 묻는 것이 아니라 나 불안하구나 인정하는 게 그나마 할 수 있는 대처다. 몸이 스스로 긴장을 해소하려는지 눈물이 나려 했다.

정도가 지나친 불안은 병적 상태, 정신적으로 아픈 것. 아픈 것을 아프다고 담담히 말할 수 있는 것이 어쩌면 내가 가진 큰 방패가 아닐까. '약을 먹어야 해.' 자기 전에 먹는 약을 먹었고, 다음 날 복용할 약 봉투에 있던 항불안제까지 꺼내 먹었다. 십여 분 후쯤 가슴을 누르던 느낌이 풀리고 졸음이 쏟아졌다. 거실 의자에서 잠이 들었고, 일어나 보니 베개를 베고 이불을 덮고 있다.

말간 아침이다. 반짝이던 네온사인과 가등은 모두 조용하고 골목마다 고여 있던 밤은 이미 흩어졌다. 가슴 졸이던 나의 밤도 위협을 멈추고 물러났다. 미로 같은 도시의 밤, 헤매는 우는 떠는 뛰듯이 걷는 뒷걸음질 치는 소리 지르는 때리고 부수는 기진하는 쓰러지는. 밤은 도시를 동시에 덮지만 개별적으로 어둡게 한다, 나의 밤이 오로지 혼자였던 것처럼. 아직 깨지 않은 이들이 자기만의 밤을 성실히 지나고 있겠지. 끙끙대며 이를 악 문 채 다시 일어나려고 사랑하려고 죽지 않으려고. 모로 누워 어깨를 움츠린 이를 바르게 누일까. 밝다고, 이제 무서워하지 않아도 된다고 귀엣말할까. 밤이 끝났다.

생의 힘

바람이 차가운데 얼굴에 닿는 햇볕이 아직 따갑다. 오후 두 시, 꼭대기에 오른 해가 비스듬히 내려서는 시간. 시작되려는 추위를 막으려는 듯 해가 최선을 다하고 있다. 이즈음이 되면 바깥에 사는 식물들이 힘겨워 보인다. 온기가 사그라드는 만큼 바람은 거칠어진다. 해를 따라 자리를 옮길 수 있으면 좋겠지만 그늘진 곳을 피하지 못하고 붙박여 있는 모습을 보니 찬기가 든다.

주유소 뒤쪽 담벼락 아래에 넘어가는 해가 잠시 들렀나

보다. 아무렇게나 깨진 거울 조각 모양으로 손바닥만큼이 환하다. 시멘트 벽과 아스팔트 바닥, 수직으로 꺾이는 그 경계에 작은 풀들이 옹기종기 모여 있다. 모서리에 낀 흙은 흙이라고 부르기가 망설여질 만큼 그 양이 적다. 어떻게 뿌리를 내렸을까. 어쩌자고 이런 곳에 닿아서는 어떻게 저렇게 살고 있는 것일까. 신기하고 대견한 마음이 들어 그 앞에 쪼그리고 앉았다. 바람 한 점 없는 순간. 햇볕이 고이는 곳에 보이지 않던 먼지들이 동동 떠 있고 풀들은 미동하지 않는다. 시간이 멈춘 듯했다. 아, 시간이 멈춘 곳에서 자라는 생명이라니.

그는 두 해 전 겨울에 돌아가셨다. 마지막이 될 것이라는 전화를 받고 중환자실로 짧은 면회를 다녀왔다. 무슨 말을 할 수 있을까. 병원으로 향하는 택시 안에서 스스로 물었다. 답이 없는 물음이었다. 중환자실 입구에 가까이 가자 문이 저절로 열렸고, 당황할 새도 없이 삶과 죽음이 뒤섞인 냄새가 곧장 쏟아졌다. 바로 정면에 그가 있었다, 하얀 침대 위에 하얀 이불을 반쯤 덮고 하얗게 누운 채로. 그는 낚시를 좋아했다. 계절을 가리지 않았고 이 바다 저 바다를 따지지 않앉다. 밤낮으로 방파제 위에 앉아 있었다. 내가 아는 그는 햇볕에 그을려 늘 건강하게 까무잡잡했는데. 이름을 부르자 그가 하얀 손바닥을 들어 보이며 인사했다. 임박한 죽음은 검지도 어둡지도 않았고 오히려 시리도록 눈부시고 하얬다. 그는 오래 아팠고 자주 울었다. 그리고 담담하게 인사했다.

"그만 가. 잘 지내."

담벼락 앞에 쪼그리고 앉아 손가락 두어 마디 정도 되는 풀들을 보며 문득 떠올린 것은, 하얗게 야윈 그의 턱 끝에서 자라난 몇 가닥의 수염이었다. 온통 하얗게 죽어 가는 순간에도 까맣고 까칠하게 돋아나 있던 것들. 끝이라는 외침에도 '아직'을 고집하며 버티는구나. 곧 죽는다는 몸 안에도 살아가려는 것이 있어서, 죽는다는 소리를 힘껏 무시하고 돋아난다. 사지에서도 생명은 사력을 다한다. 죽음이 하얗게 덮쳐 와도 뿌리를 뻗치고 줄기를 올리고 잎을 펼치고 꽃을 피우고 열매를 맺는다. 죽어 가지 않고 살아간다. 생명이 있으므로 자랄 수밖에 없어서, 심어진 대로 열심히. 줄기든 잎이든 꽃이든 열매든 개의치 않으며 어떤 모양으로든 산다.

    손톱을 잘라야겠다. 며칠 전에 자른 것 같은데 벌써 제법 자랐다. 어떤 표도 없이 아무 느낌도 없이, 내 몸에 있으나 나도 모르게 자라 있다. 잘라 내도 또 자랄 것이다, 또 어떤 틈새에 붙어 이 밤을 지나는 풀들처럼. 간명하고 단단한 생의 힘을 믿는다.

새잎 펼치기

 우리 집에서 해가 가장 잘 들고 바람이 제일 잘 통하는 곳은 큰 창이 남동쪽을 향해 난 베란다다. 대부분의 식물이 좋아하는 자리. 이 사실이 예외가 되는 것은 겨울이다. 창 한 장으로는 막아 낼 수 없는 한기가 베란다를 시리게 하면, 우리 집의 식물들은 피난을 시작한다. 자고 일어나 기지개를 켜고 하품을 하며 베란다로 식물을 보러 나가는데, 그것이 꺼려지기 시작할 무렵부터. 그러니까 겨울이 되기도 전에. 피난지는 베란다에서 거실로 들어오는 창이자 문, 그 안쪽

바닥과 그 창문 쪽에 가까운 책장의 칸칸, 따뜻한 곳.

자리가 마음에 들었는지 식물들이 새잎을 올리기 시작했다. 몬스테라와 알로카시아, 필로덴드론 빌리에티에와 싱고니움 모히또까지. 몬스테라와 알로카시아는 새잎을 올리지 않은 지 오래였고, 필로덴드론 빌리에티에와 싱고니움 모히또는 몇 번 새잎을 올리긴 했으나 이내 시들어 버리기를 반복하고 있었다. 그렇게 나름의 사연을 가진 녀석들이 한꺼번에 새잎을 올렸고, 잎을 올리는 그 모양새가 힘차 보였다.

매일 아침마다 식물들 근처에 무릎을 세우고 앉아 무릎을 양팔로 감싸 안고 턱을 괸 채 한참 그들을 들여다본다. 손을 뻗어 새잎들을 만지면 제법 뜨끈한 열기와 함께 느긋하고 묵직하게 변화하는 그들의 인내가 손끝을 타고 내게로 건너올 것 같았다. '그럼에도 불구하고' 어떤 마음을 펼쳐 내는 것 같아서, 그 용기와 성실이 적잖이 힘이 되었다. 그럼에도 불구하고 펼쳐 내야 하는 마음. 그런 마음이 내게도 있다. 잘 펼쳐질 수 있도록 내 마음도 볕이 잘 드는 곳으로 옮겨야겠다. 적당한 자리에 놓이면 마음이 저절로 피어나지 않을까.

운전면허

운전할 차가 없다. 운전면허가 없기 때문이다. 운전면허 필기시험은 만점이었다. 다만 실기 연습 과정에서 사고를 낼 뻔한 후 무섬증이 생겼고, 운전을 포기했다. 후회는 없다. 남들이 모두 그것을 한다는 사실이 내가 그것을 할 이유가 되지 못하고, 그것이 나와 맞지 않다면 할 필요는 더욱 없다.

걷는 것을 좋아하고 자전거를 잘 탄다(오래 타지는 못하지만 꽤 잘 탄다). 버스를 좋아한다(버스에 와이파이도 된다. 버스 만세). 운전을 해야 갈 수 있는 곳에 있는 소위 핫플은

못 가지만 아쉬움은 없다. 내 몫인 근처의 생활에 만족하니까. 걷거나 자전거를 타거나 버스를 타고 한 바퀴 도는 곳마다 이야기가 담기고 추억이라 부를 만한 것들이 남는다. 그것들이 고스란히 나의 것이 되어 빼곡하게 쌓인다.

인생을 거창하게 살 수 없다는 사실을 깨닫고 제법 편안해졌다. 거대해 보이는 인생이라도 결국 그것을 떠받치는 것은 소소한 생활이다. 손 뻗으면 닿는 곳에 있는 물건들, 발 디디면 갈 수 있는 장소들, 당기고 당겨지면 서로 안을 수 있는 몇몇 사람들. 이런 것에 만족한다면 '나 좀 산다'고 할 수 있지 않을까. 머지않은 때와 멀지 않은 곳에 진짜 삶이 있다.

자전거 사장님

자전거 앞바퀴가 자꾸 퍼지며 내려앉아서 몇 번 갔던 자전거 수리점을 다시 찾았다. 어르신은 여전히 정정하셨고 짧은 백발이 멋있었다.

"아침에 바람을 넣었는데 앞바퀴가 퍼져요."

하던 일을 멈추고 나오셔선 바퀴를 몇 번 눌러 보신다. 타이어 안의 튜브가 삭았거나 구멍이 났을 거라고 하셔서 고

처만 주세요 했다. 자전거 앞바퀴 주변을 툭툭 치니 바퀴가 몸체에서 빠졌고, 타이어를 꾹꾹 누르니 안에서 튜브가 빠져나왔다. 어르신의 팔이 다부지고 단단하다. 수리하시는 모습 뒤로 가게 안을 기웃거렸다. 세월이 쌓여 있다.

가게 입구에는 물이 담긴 양은 대야가 하나 놓여 있었다. 저게 뭘까 싶었는데, 어르신이 바람을 넣은 튜브를 부분 부분 대야 속 물에 잠기게 하면서 바람이 빠지는지 확인하신다. 세상에, 저런 간단한 방법이 있다니. 튜브가 삭아서 바꿔야겠다고 하신다. 고개를 끄덕, 또 고쳐만 주세요 했다. 새 튜브를 타이어의 벌어진 틈으로 드밀고는 동시에 펌프를 발로 밟아 바람을 넣으셨다. 꾹꾹 몇 번 누르니 타이어 안으로 튜브가 들어가 사라졌다.

오랫동안 한 가지 일을 업으로 삼아 온 이들의 몸동작은 가볍고 단순하여 아름답다. 몸동작에 맞춰진 공간은 질서 있고 조화롭다. 그곳에서 몸으로 일하며 자신을, 혹은 자신과 누군가를 먹이고 입혔다는 사실은 늘 감동적이다.

지갑에 현금이 만 오천 원 있었다. 일을 마치신 어르신이 만 원 하셨고, 나는 지갑에서 만 원짜리를 꺼냈다. 접힌 주름이나 찍힌 흠이 하나도 없는 아주 깨끗한 새 돈이었다. 깨끗한 것으로 값을 치를 수 있어서 괜히 좋았다. 살아오며 쌓은 지혜를 살아 있는 몸을 움직여 전하는 일과, 그 일을 하는 사람이 경이롭다.

당신은 그때

 글쎄, 가끔 당신이 원망스럽지. 그렇게까지 모질 필요가 있었나 싶어서. 나한테 상처가 될 거란 걸 알았을 텐데, 굳이 그렇게 무심한 척했어야 했나 싶어. 그때 그 말, 그 마지막 말이 나는 여전히 쓰고 시리고 그래. 온몸에 한기가 든달까. 당신 같은 사람이 무심한 척, 아무렇게나, 나한테.
 그런데 말이야, 조금 다른 생각이 들었어. 당신이 그때 무심한 척했던 게 아니었구나, 당신은 그때 정말 무심했구나 하는 생각. 당신 마음이 텅 비어 마음에 아무것도 없었던 거구나 싶어. 텅 빈 척한 게 아니라 텅 비었던 거지. 음, 가엽다. 가여웠던 거야.

마음이 얽히는 일은 곱하기 같아. 당신 마음이 텅 비었으니 무엇을 곱해도 값이 없을 수밖에. 당신 마음이 열에 하나라도 차 있었더라면 어땠을까. 거기다 내가 하나를 곱하거나 열을 곱할 수 있었을까. 그러면 우리, 열 아니 적어도 하나는 만들 수 있었을까. 그랬다면 어땠을까.

당신 마음이 비었었다는 걸 미처 몰라서 미안해. 무심한 척한다고 여겨서 미안해. 참 가엽다. 가여워, 당신. 요즘은 어때, 요즘도 마음이 그래? 여전히 무심한가. 그렇지 않길 바라. 쉽게 쓸쓸해지는 계절이잖아. 텅 빈 마음으로 버텨야 하면 다시 또 가여우니까, 그렇지 않길 진심으로 바라.

당신 마음이 텅 빌 때까지 나는 무얼 하고 있었던 걸까. 부디 가엽지 마.

말들의 공격

오랫동안
문득문득 생각나서
괴롭게 하는
말들을
생각해 본다.

그것들은 자주 나를 찾는데, 실은 그것들이 나를 기필코 찾아 들어오는 것인지 내가 그것들을 기어코 또 찾아 들이는 것인지 알 수 없다. 그저 그 순간이 고통스러울 뿐.

말의 공격은 빠르고 거친 데다 치밀하고 예리해서 수비가 어렵다. 나를 아프게 하는 말을 가지기만 하고 버리지는 못한다. 괴롭게 하는 것이 밖에 있지 않구나.

가시

'숲 해설사'라는 안내 문구가 적힌 조끼를 입은 남자가 들어가자며 손짓했다. 앞장서는 그를 사람들이 천천히 뒤따라간다. 앞뒤 좌우 위아래로 두리번거리게 된다. 숲은 많이 깊고 넓고 높다. 아까시나무 플라타너스 등등 이름만 알던 나무들을 소개하던 숲 해설사가 키가 그리 크지 않은 나무 앞에서 멈췄다. 이름도 처음 듣는 '음나무'란다.

어린 음나무는 온몸이 가시다. 숲 해설사의 손끝을 따라 시선을 옮기던 이들이 움찔한다. 가시의 크기가 손가락 한

마디는 족히 되어 보이고 모양이 뾰족해서 닿으면 아플 듯하다. 나무가 저런 가시를 가지는 것은 자라는 동안에 유해한 벌레나 동물, 사람들로부터 자신을 보호하기 위해서란다. 그런데 어른이 된 음나무는 가시를 버린다. 스스로 보호할 수 있는 힘이 있기 때문이란다. 그 힘이 내게는 '믿음'이라 들렸다. 뾰족하고 센 것이 없어도 자신을 지킬 수 있다는 믿음.

　나무가 사람보다 열등한가. 식물을 보고 들을수록 질문이 무색해진다. 내게는 그런 믿음이 있나. 날카로운 것 없이도 나를 지킬 수 있다는 믿음. 마음을 온통 가시로 둘러쌌다. 찌르려는 것은 언제쯤 떨어지려나. 아니, 떨어지긴 떨어지려나. 어른이 되었다고 말할 수 없어서 아직 자란다고 변명이라도 해야 하는 것일까.

바쁘다는 것

바쁘다는 건 떨어질락 말락 하는 단추를 고쳐 달 수 없는 것. 언제 떨어질지 모르게 달랑거리는 것을 매달고 있는 것. 혹시나 그것이 떨어지지 않았나 불안해하며 수시로 살피는 것. 채워야 할 것을 단단히 채우지 못하는 것. 잃어버리면 안 되는 것을 잃어버리기도 하는 것. 이것들을 다 알면서도 아직 단추를 고쳐 달 수 없는 것.

해야 하는 일들이 한꺼번에 몰아치는 시기를 지나면서, 일어나서 하고, 겨우 먹고 또 하고, 늦게야 잠자리에 드는 며칠을 보냈다. 하루 여덟 시간 혹은 그 이상을 일하는 것이 얼마나 폭력적인가. 책 한 권 읽지 못하고 글 한 편 쓰지 못하고 삼십 분을 걷지 못했을 뿐인데 마음이 마구마구 무너진다. 좋아하는 것들, 그 사소한 일들이 나를 얼마나 위하고 있었는지 새삼스럽다.

자신을 위할 시간이 전무한 이들을 생각한다. 그렇게 사는 사람들이 얼마나 많을까. 먹고살기 위해 늘 '이렇게까지' 해야 하고 '그렇게까지' 하면서 매일을 살아 내는 사람들. 산다기보다 버티는 사람들의 내면은 얼마나 텅 비었을까. '피곤한 몸에 공허한 마음이 날마다 더해지면' 하고 생각하니 보이는 사람마다 다 위태롭게 느껴진다.

살기 위해서 '자신을 위하는 일'들을 포기하지 않아도 되는, 적당히 일하면 적당히 벌어 누구나 적당히 살 수 있는, 자신을 다 써서 없애 버리지 않아도 되는 그런 세상에서 살고 싶다. 우리는 결국 어떻게 될까. '결국'이라는 낱말 뒤로 어떤 말들을 이을 수 있을지 걱정스럽다.

보이는 몸과 보이지 않는 몸

나무의 이파리들이 물든 것을 보며 아직 가을이라고 생각한 게 그제다. 그런데 생각하기가 무섭게 다음 날 첫눈이 내렸다. 11월에 눈이 내리는 것도 이상했는데 눈사람을 만들 정도로 큰 눈이 내려 더 놀랐다. 이대로 겨울이 오는 걸까 싶더니 한의원에서 돌아오는 길이 제법 포근하다. 깜박 졸고 있던 겨울이 화들짝 깨서는 들이닥쳤다가 자기 때가 아닌 것을 알고 무안해져 물러난 느낌이다. 꾸벅 졸다 잠결에 본 시계가 7시 30분을 가리키고 있을 때, 학교에 늦었다며 우당탕

탕 일어나 방문을 열었는데 엄마가 저녁도 안 먹고 여지껏 자면 어쩌냐고 타박을 하고, 그제야 바깥을 살피면 창밖으로 밤이 보여 머쓱해지는 것처럼. 겨울도 그렇게 때를 오해하고 갑자기 왔다가 슬그머니 발을 빼려는 것은 아닐까. 가을더러 아직 네가 조금 더 있어야 하니 나는 나중에 다시 오겠다고 민망해하면서.

늘 말썽이던 엉덩이 쪽 통증이 심해졌다. 두어 주 운동을 못 하고 책상 앞에 오래 앉아 있었던 (내) 탓이다. 그렇게 하면 이렇게 된다는 것을 알면서도 그렇게 한다. 사람은 그저 비이성적이고 비합리적이다. 침을 몇 대나 맞으려나 싶어 한의사가 침을 놓을 때마다 따라 세어 보다가 열여덟 번 후로는 세지 않았다. 얼마를 생각하든 그 이상으로 맞을 것 같았고, 역시나 슬픈 예감은 틀리는 법이 없다. 찔리면서 다짐했다. 이성적이고 합리적으로 살자, 규칙적으로 운동을 하고 오래 앉아 있을 때에는 틈틈이 일어나서 몸을 움직이자. 어떤 식으로든 맞을 때(?)만 이렇게 생각한다면 내가 과연 사람인가 싶다가, 이러니 역시 내가 사람이다 싶다. 등허리와

엉덩이 정강이까지 침을 맞았고, 드디어 끝이라고 생각할 때쯤 한의사가 돌아누우라고 했다. 배꼽 옆을 꾹꾹 누르면서 다리를 접어 올렸다 폈다를 반복했는데 통증이 상당했다.

"숨을 크게 들이마셔 보세요."

내 아랫배 위에 손을 올린 한의사가 말하는 대로 숨을 들이쉬었다.

"이게 다예요?"

한다. 말인즉, 누워서 숨을 제대로 크게 들이쉬면 아랫배 쪽이 불룩하게 올라오게 되어 있단다. 그런데 나는 그렇지 못하다는 것이었다.

"숨이 몸 안쪽 끝까지 오지 못하는 거예요. 오래 앉아 있을 때 허리가 아프면 이렇게 복압이 무너져 있는 경우가 많아요. 하루에 두세 번씩 누워서 아랫배까지 부풀어 오르도록 숨을 들이쉬는 연습을 하는 게 좋겠어요."

 몸을 꼿꼿하게 하는 근육이 앞뒤로 약해져 있다 했다. 인간이 직립해서 보행하게 된 후로 몸을 세우는 일이 당연한 것일 텐데, 그 당연한 일이 저절로 되는 것이 아니었다니. 살갗 안쪽 보이지 않는 곳에서 튼튼해야 하는 것들이 약해지는 동안 나는 무얼 하고 있었을까. 왜 몰랐을까.

 이어진 여행의 여독 때문인지 하루이틀 사이에 뒤바뀐 날씨 탓인지 아슬아슬하던 몸이 결국 탈이 나고 말았다. 선물 받은 감과 고구마를 아주 맛있게 먹었는데, 먹은 지 얼마 되지 않아 윗배가 아파 왔다. 바늘처럼 뾰족한 것이 안에서 밖으로 찌르는 듯했고, 그 통증이 윗배에서 아랫배로 다시 아랫배에서 윗배로 옮겨 가기를 반복했다. 핫팩을 배에 올리고 누웠지만 차도가 없다. 급히 가까운 병원에 다녀와 저녁을 거르고 처방받은 약을 먹었다. 찌르는 느낌이 조금 나아지긴 했지만 속이 쓰리거나 조이는 느낌은 여전히 남아 있었다. 감과 고구마, 각각 맛있고 몸을 건강하게 하는 식재료인데 함께 먹는다고 이렇게 아프게 하다니. 보거나 들어서 배운 적도 없고 이전에 경험해 본 적도 없는 일이었다. 감과 고구마를 함께 먹은 일이 평생 한 번도 없었다고 하기는 어려울 텐데 이렇게 아팠던 기억은 전혀 없다. 대체 몸 안쪽에서 무슨 일이 벌어졌던 것일까.

 몸이 '나'고 내가 '몸'일 텐데, 그 몸으로 살고 있으면서 몸의 일을 알 수 없을 때, 나는 내가 낯설어진다. 내가 알지 못하는 나라니, 알지도 못하는 내가 나라니. 나를 알지 못하는 내가, 내가 알지 못하는 나와 함께 있다니. 내가 나라고 감각하고 느끼고 생각했던 것이 생경하다. 나는 나를 얼마나 알고 얼마나 모르는 걸까. 게다가 내가 아는 내가 나의 전부가 아니라는 사실은 제법 나를 불안하게 한다. 내가 모르는 나에게 어떤 일이 벌어질지, 그래서 내가 어떻게 될지 알 수 없다. 보이지 않는 채로 닥쳐오는, 자기를 분명히 드러내지 않는 상대와의 싸움은 불리하기 마련이다. 그러나 내가 모르는 나의 안위를 매일 염려하고 벌벌 떨며 살 수도 없는 노릇이다. 잘 먹고 잘 싸고 잘 자기. 듣고 보기에 너무도 간명한

이 일이, 실은 인생의 과업이자 위업이라는 사실을 깨닫는다. 이 일들을 조화롭고 질서 있게 유지하기 위해 성실하게 정성을 들여야 한다.

    말린 대추를 깨끗이 씻어 물기를 털고 씨를 일일이 뺐다 하셨다. 냄비에 물을 붓고 손질한 대추를 넣어 대추가 걸쭉해질 때까지 졸였다며, 설탕을 넣기도 하는데 당신은 넣지 않으셨단다. 대추 단맛으로도 충분하겠지만 혹시 단맛이 부족하면 설탕보다는 꿀을 넣어 먹으라는 말을 더하셨다. 몸을 따뜻하게 하는 데에는 대추만 한 것이 없다고, 생강을 곁들여 먹으면 더욱 좋다고. E의 어머니가 선물로 주신 '대추고' 이야기다.

    몸으로 삶을 겪어 낸 사람들의 다정함 속에는 아픔을 지나며 얻어 낸 지혜가 있다. 그것이 절대적인 지식이 될 수는 없겠으나 경우에 맞게 적용해 볼 만하다. 무엇보다 보이지 않는 곳의 몸을 이롭게 하려면 시간을 들일 필요가 있으며, 몸은 생각보다 더 정성스럽게 보살펴야 한다는 것을 그들에게서 배운다. 대추가 졸여지는 동안 그것을 휘저었을 손과

눕지 않도록 들여다보았을 눈과 둥글게 구부렸을 등을 생각한다.

　말린 생강을 뜨거운 물에 우리고, 대추고를 풀고, 꿀을 넣었다. 한 모금 삼키니 뜨거운 기운이 흘러들어 가며 보이지 않는 몸속의 길을 비추는 것 같다. 잔을 감싸 쥐니 달고 쌉싸름한 것의 온기가 전해 온다. 손등에 세로로 길게 도드라지는 뼈와 그 사이사이에 걸쳐진 듯 이어져 있는 혈관들이 보인다. 보이는 몸과 보이지 않는 몸의 경계에 있는 것들을 볼 때마다 둘의 안위를 생각해야겠다. 나와 언제나 함께 있는 몸 안의 세상을 상상해 본다. 무언가가 나로 살고 있고 나를 살아가게 하고 있다. 나를 돌보는 일에 소홀하지 않아야겠다. 몸으로 사는 중임을 잊지 않아야겠다.

내 뒤의 풍경

내부 순환도로를 지붕 삼아 노숙인이 이불을 펼쳤다. 그 앞에서 한 남자가 점퍼를 벗어 건네며 옷깃을 여미라 몸짓한다. 옷을 받아 든 노숙인이 왼쪽 소매에 팔을 끼자 가만 섰던 남자는 입은 바지 호주머니들을 더듬어 무엇인가를 찾는다. 구겨진 담뱃갑과 빨간 싸구려 플라스틱 라이터. 남자는 노숙인이 입은, 이제는 당신 것 아닌 점퍼 호주머니에 그것들을 찔러 넣으며 옷깃을 여미라 다시 몸짓한다.

노숙인의 호주머니에 든 것들이 바스락바스락 빨갛게 찔러 온다. 가슴 한편이 따가워 나는 허정허정 뛰듯 걸어 두 사람을 지나쳤다. 다시 볼 수 없을 장면. 눈에 새기고 싶었지만 돌아볼 용기가 없었다. 깜박 까암박, 굵고 거친 노숙인의 손가락 끝에 지금쯤 빨간 꽃이 폈을까. 꽤 추운 밤이 될 것이라 했다. 내가 덮은 이불이, 더운 내 몸이 무거운 밤이 될 것 같다.

무서운 일

기차를 타고 오래 이동할 때면 가끔 지도 앱을 연다. 출발지에서 얼마나 왔는지, 목적지까지는 얼마나 더 가야 하는지, 나는 지금 어디쯤 있는지 보기 위해. 주소를 확인해 처음 보는 동네의 이름을 읊조려 보기도 한다.

그러는 동안에도 내 위치를 보여 주는 지도 위 파랗고 동그란 점은 계속 움직인다. 기차 안 의자에 가만히 앉아 있는 나는 물 흐르듯 흘러가는 것 같은데, 나를 보여 주는 동그란 점은 그렇지가 않다. 뚝뚝 끊어진다. 잘 이어지는가 하다

가도 이내 멈칫거린다.

지도를 확대하면 길은 언제나 곧다. 한 치 앞의 길, 눈앞만 보면 그럴 수도 있겠다. 분명 휘기도 했을 텐데, 한 발짝 떨어져서 보면 나는 계속 휘고 있는 중인지도 모르는데. 휘어지는 줄 모르고 휘어진다, 곧게 간다고 착각하면서.

어디론가 향해 간다는 건 어쩌면 이런 것인지도 모르겠다. 끊어지고 멈칫거리고 굽고 휘어지고. 그러니 무서운 일이다, 그런 적 없이 곧장 도착했다 믿는 사람이 되는 것은.

다짐

요즘은 보기 힘들지만 어린 시절 굴러다니다시피 했던 놀이터는 바닥이 모두 흙모래였다. 용도를 알 수 없는 그릇에 물을 받아 와 진 모래흙을 만들어 놓고, 바닥을 파고 주먹 쥔 왼손을 틀로 삼아 모래흙을 덮어 두꺼비집을 만들곤 했었는데. 다짐을 생각할 때마다 두꺼비집을 만들던 때의 그 감촉이 떠오른다. 눅눅하고 축축한 것들이 단단해지던 시간들, 좁은 입구를 통해 손을 빼낼 때 두꺼비집을 무너뜨리지 않으려고 잔뜩 긴장한 손이 달달 떨렸던.

'다짐'이라는 낱말은 모양도 그 소리의 울림도 단단하다. 하지만 그 실상은 얼마나 무르고 약한지. 셀 수 없이 다지지만 그보다 더 많이 무너진다. 그나마 다짐한 것들 중에 몇 가지가 살아남아서 일상을 받치는 것이겠지. 무르고 약하고 눅눅하고 축축하지만 단단해진다. 그렇다면 답은 역시 더 많이 더 자주 다짐하는 것일까.

귤이 상했다

5킬로그램짜리 귤 한 박스를 사서 반쯤 먹고 나머지를 신문지 위에 펼쳐 두었다. 아침마다 굴리며 상한 것이 있나 본다. 번거롭지만 귤 한 박스를 알뜰히 먹으려면 어쩔 수 없다. 상하려는 기미를 보이는 것은 먹어야 한다. 귤을 포식하다 못해 과식하는 때도 있다. 겨울에만 누리는 호사다.

오늘 아침에도 그랬다. 쪼그리고 앉아 귤들을 이리저리 굴렸다. 껍질이 물컹해 뵈는 게 뭔가 이상하다. 터지지 않도록 손끝으로 살짝 밀어 보는데 꼼짝 않는다. 엄지와 검지 사이에 쥐고 조금 더 힘주어 흔들었더니 찌익 신문지가 찢어지며 들린다. 상해 있었다. 어제 아침만 해도 분명 이렇지 않았다. 상한 귤은 녹고 얼기를 반복하며 기우뚱 내려앉은 눈사람 같았다. 물컹하게 녹아 흘러내릴 듯했다. 아래부터 상하는 일은 잘 없었는데. 꼼꼼히 살폈어야 했는데 잘 보이지 않는 곳이라 보지 않았나 보다.

"니 무슨 일 있나?"

A가 물었다. 한동안 양쪽 옆구리가 가려워 고생스러웠다. 한의사인 A는 스트레스로 가려울 수 있다 했다. 가려움과는 아무 상관없어 보이는 자리라도 그럴 수 있다며, 가려움처럼 별것 아니라 여길 수 있는 증상이라도 마음의 문제가 몸으로 드러난 것이라면 이미 그 상하고 아픈 정도가 심하다 했다.

귤도 그랬을까. 보이지 않는 곳, 고요하게 아무 일도 없어 보이는 그곳이 상했다. 귤은 언제부터 어디부터 상하고 있었을까. 아래는 문드러지고 위는 흐물거릴 때까지 찍소리 한번 내지 못한 귤은 아팠을까. 상한 것을 들어내고 나머지 귤들은 조금 더 꼼꼼히 살폈다. 다행히 아무 일 없어 보였다.

어제 나는 어디가 상했을까. 오늘 나는 어디가 상하고 있을까. 조금 더 들여다봐야겠다. 쪼그린 무릎을 펴 일어설 때는 다행히 아무 일이 없었으면 좋겠다.

마음 지지하기

 12월이 되면 더 쉽게 불안해진다. 이맘때의 나를 불안하게 하는 것은 2022년에 발견하고 수술했던 암의 재발과 전이에 관한 것. 수술 후 몸을 점검하는 정기 검진이 1월에 있다. 1월이 다가오고 있다고 인지하는 11월부터 불안이 드문드문 고개를 들고, 12월이 되면 하루걸러 혹은 하루도 거르지 않고 생각한다. 암이 재발된 것은 아닐까, 암이 전이된 것은 아닐까. 혹시 새로운 암이 생긴 것은 아닐까. 하얀 가루를 한 줌 집어넣은 풍선을 크게 불어 머리 위에 띄워 놓고는 바늘로 찔러 터뜨리는 느낌. 터져 나온 하얀 가루가 쏟아지듯 불안이 온몸과 마음을 뒤덮는다.

불안은 뒤틀리는 바닥이 되어 서 있는 자리를 흔들고, 생활의 균형을 잡기 어렵게 한다. 넘어지지 않으려 양팔을 옆으로 벌리고 중심을 잡아 보지만, 마음은 앞뒤 좌우로 기울어졌다 세워지기를 되풀이한다. 새로 영업을 시작한 가게 앞에 고객의 시선을 끌기 위해 세우는 바람 인형처럼 우스꽝스러운 모양새로 펄럭일지도 모르겠다. 그 인형에게 표정이 있었는지 확실하지 않지만, 있었다면 아마 입을 앙다문 채 웃고 있었을 것이다. 나와 어느 것 하나 다를 것이 없다. 지탱하게 하는 것이 딸깍 꺼져 버리는 순간, 그대로 주저앉아 버린다는 사실까지도.

불안을 느끼는 마음만큼 불안하지 않기를 바라는 존재가 있을까. 불안한 주체는 불안하지 않으려는 주체이기도 하나. 그러나 불안은 땅을 뒤흔드는 지진처럼 힘이 세고 어지간해서는 그것을 버텨 내기가 어렵다. 이미 불안하기 시작한 마음이라면 더욱 그렇다. '불안하면서 불안하지 않기'라는 말은 앞뒤가 맞지 않지만, 불안한 사람은 그 모순을 종일 시

도한다. 밑바닥으로 가라앉아 숨을 못 쉬는 마음이 다시 평상성의 수면 위로 올라와 숨을 토해 내려면, 마음을 받치고 밀어 올려 줄 손들이 필요하다. 마음을 보강하는 손. 내가 가진 몇 가지 수들을 적어 보려 한다.

먼저 좋아하는 일들로 아침을 채운다. 따뜻한 물을 마시고 몸에 필요한 영양제를 복용한다. 식물들의 안녕을 살피고 정성을 들여 스트레칭을 한다. 몸에 좋은 것들로 첫 끼니를 건강히 채운다. 가족들이 직장으로 학교로 가면 청소기를 돌린다. (필요하면 세탁기도 같이 돌려 둔다.) 어젯밤 미룬 설거지를 하고 쌓인 먼지를 닦고 행주를 빤다. (이즈음이 되면 세탁이 끝나므로 세탁물을 잘 털어 반듯하게 넌다.) 세수를 하고 선블록을 꼼꼼히 바르고 고데로 머리를 예쁘게 말면 아침에 해야 할 일이 일단락된다. 몸에 익은 습관적인 행동은 불안으로 향하려는 마음을 멈추게 한다. 다음으로 좋아하는 카페에 가서 따뜻한 카페라테를 마시고, 읽고 싶은 책을 읽거나 쓰고 싶은 글을 쓰거나 좋아하는 음악을 들으며 뜨개질을 한다. 감각적인 일에 몰입하는 것도 기울어지려는 마음을 붙잡아 준다. 책과 글과 음악과 뜨개를, 흔들린 후 들뜬 바닥에 고임목처럼 괴어 둔다. 밟아도 푹 꺼져 버리지 않도록. 집에 돌아와 식재료들을 다듬고 가볍게 저녁을 해 먹은 후 운동을 하러 간다. 운동은 긍정적이고 적극적인 마음, 즐거운 마음을 만드는 데 효과적이다. 억지로라도 몸을 일으키면 마음은 그보다 좋은 것으로 보답해 준다(재미를 느끼며 할 수 있는 운동이 한두 가지 더 있으면 좋겠다). 따뜻한 물로 샤워를 하고 나와 거실의 조도를 낮춘다. 그러면 보통 밤 9시 정도. 수면 양말을 신고 배 위에 핫팩을 댄다. 도톰한 카디건을 어깨에 걸치고 느리게 읽어야 하는 책을 읽거나 일기를 쓴다. 10시 반에서 11시 사이가 되면 더 깨어 있으려는 욕심을 버리고 잘 준비를 한다. 양치를 하고 먹어야 할 약을 먹고 물을 한두 모금 마신 후 침실로.

적고 보니 마음을 지지하는 일이지만 마음이 하는 일은 하나도 없어 웃음이 난다. 마음 녀석은 거저먹는구나. 짙어지는 불안의 농도를 옅게 하는 방법은 역시 적당한 일상을 성실하게 사는 것이다. 불안이 치밀어 오르면 팔꿈치로 슬쩍

밀어 둔다. 자기를 보라며 몸부림치면 곁눈질로 살핀 후 모르는 척한다. 대개는 있지도 않을 일, 거의가 지나간 일들이 불러일으키는 거짓 불안이다. 속지 않기로 결정했으니 잠시 힐끔거린 것만으로도 충분하다. 나는 나의 오늘을 소중히 살아야 하니까, 불안아, 너는 거기에 있으렴. 거기에 있다가 조용히 사라져도 좋을 것 같아. 배웅하는 인사는 때맞춰 하지 못할지도 모르니 미리 해 둘게. 안녕, 잘 가.

쉽게 아래로 처박히는 마음으로 살아 내는 존재들은 가엽고, 어떻게든 살아 내려는 마음은 안쓰럽다. 평온한 마음을 유지하는 데에 오롯이 하루를 쓰면, 거창한 일을 이루고 싶어져 욕심이 일기도 한다. 그러나 나 스스로 편안한 것만큼 크고 넓은 일이 어딨을까. 소중한 매일을 단단하게 살아 내야지. 대단한 것 하나 없더라도 '이룩'이라는 낱말이 제법 어울릴 것이다.

솟아오르는 일

 술을 마시지 않는 나로서는 술병을 자세히 들여다볼 일이 없다. 타르트가 맛있었다며 원아가 소개한 카페에 왔는데 창틀에 와인병이 주르르 놓여 있다. 술병은 조금씩 다르게 생겼고 술병 겉면에도 각기 다른 스티커가 붙었다. 다 다른 모양을 했지만 비슷한 점이 있다면 병의 바닥이 안쪽으로 솟아올랐다는 것. 하나가 그렇기에 옆을 보니 옆 병의 바닥도 그렇고, 그 옆 옆 병의 바닥도 그렇다. 높낮이의 차이가 있긴 하지만 모두 안쪽으로 솟아올랐다. 병이 무르던 때에 병의 바닥을 바깥에서 안쪽으로 꾹 눌러 밀어 넣은 것 같다.

    그 솟아오른 부분을 "펀트$_{punt}$"라고 한다. 펀트가 있는 이유는 여러 가지인데, 구조적으로 강도를 높여 병이 깨지는 것을 줄일 수 있고, 침전물이 중심에서 멀리 고이게 되어 와인을 따를 때 침전물이 따라 나오는 것을 막을 수 있단다. 또 와인랙에 보관할 때 안정성을 높이기도 한단다. 밑바닥부터 솟아오르게 하는 데에는 여러 가지 이유가 있었다.

    굳이 솟아오르지 않으려는 날들이 이어진다. 이냥, 그냥, 저냥. 이러저러한 모습으로 줄곧, 더는 변화 없이 그대로. 이대로 괜찮아, 그대로 나쁘지 않아, 저대로면 뭐 어때. 솟아올랐어야 했거나 솟아올랐으면 더 좋았을 때도 모르는 척 제자리걸음 하는 날들. 밀어 올리려면 힘을 줘야 하니까. 그건 가만히 있는 일보다 아무래도 지치니까. 솟아오르지 않아서 깨지기 직전에 있거나 내보내지 말았어야 할 찌꺼기를 쏟아 버렸거나 불안정하게 놓여 있지는 않았는지 모르겠다.

    솟아올랐다면 어땠을까. 조금 더 힘을 내서 무엇인가를 추구했더라면 어땠을까. 위로 봉긋한 태도를 가지고 어제를 지나왔다면 오늘의 나는 어땠을까. 굴곡 없는 일정한 하루를 지향하는 것이 '나아감' 또는 '나아짐'을 방해하는 것은 아니었을까 생각했다. 안정적인 삶과 발전적인 삶이 상충하는 것만은 아닐 텐데. 내게 필요한 것은 음, 힘보다는 용기 아닐까 싶다.

사랑하는 것들이
사라지기 전에

초판 1쇄 인쇄 2025년 7월 14일
초판 1쇄 발행 2025년 7월 30일

글 이영주
펴낸이 홍지애
펴낸곳 꿈꾸는인생
주소 경기도 안양시 동안구 부림로 121 901-127호
전화 070-4046-2371
팩스 02-6008-4874
이메일 lifewithdream@naver.com

ⓒ 꿈꾸는인생, 2025

ISBN 979-11-91018-31-8 (03180)

- 이 책은 저작권법에 따라 보호받는 저작물이므로 무단 전재와 무단 복제를 금합니다.
- 잘못 만들어진 책은 구입한 곳에서 바꿔 드립니다.

- 책의 표지는 마법사 님의 후원으로 제작되었습니다.
- 판권지 메일로 '안녕'을 보내 주세요. 책에 수록되지 않은 글 하나를 보내드립니다.